Wissenschaftliche Beiträge aus dem Tectum Verlag

Reihe Politikwissenschaft

Wissenschaftliche Beiträge aus dem Tectum Verlag

Reihe Politikwissenschaft
Band 88

Katharina Antonia Kühn

Brachflächenrecycling

Verringerung der Neuflächeninanspruchnahme am Beispiel der ehemaligen Kokerei Hassel

Tectum Verlag

Katharina Antonia Kühn

Brachflächenrecycling

Verringerung der Neuflächeninanspruchnahme

am Beispiel der ehemaligen Kokerei Hassel

Wissenschaftliche Beiträge aus dem Tectum Verlag,

Reihe: Politikwissenschaft; Bd. 88

ISBN 978-3-8288-4476-6

ePDF 978-3-8288-7507-4

ISSN: 1861-7840

Umschlag: Tectum Verlag, unter Verwendung der Abbildung #600903620

von Rawpixel.com | www.shutterstock.com

Druck und Bindung: docupoint GmbH, Barleben

Printed in Germany

Besuchen Sie uns im Internet

www.tectum-verlag.de

Bibliografische Informationen der Deutschen Nationalbibliothek

Die Deutsche Nationalbibliothek verzeichnet diese Publikation

in der Deutschen Nationalbibliografie; detaillierte bibliografische

Angaben sind im Internet über http://dnb.d-nb.de abrufbar.

Inhalt

Vorwort: Wandel braucht Raum für Entfaltung

Strukturwandel hat in Deutschland eine lange Tradition. Nicht erst seit den 1980er Jahre befinden sich Regionen wie die Oberpfalz, das Saarland, natürlich das Ruhrgebiet und nach 1990 das Chemiedreieck Bitterfeld in der ehemaligen DDR in tiefgreifenden Prozessen von Wandel und Umgestaltung, Abbruch und Aufbau. Deutschland erlebt diese Phasen im Grunde genommen seit dem Beginn der Industrialisierung und den daraufhin einsetzenden staatlichen Reformversuchen zu Beginn des 19. Jahrhunderts. Über viele Jahrzehnte lebten Generationen von Menschen in den Ballungsgebieten mit der Ansiedelung neuer Industrien und ihren Nebenwirkungen: Übervölkerung, Arbeitskräftezuwanderung, Arbeitsunfälle und Invalidität oder Emissionen und Umweltverschmutzung. Die ehemals schwerindustriell entwickelten Zonen in Deutschland waren Mikrokosmen sozialer und ökonomischer Evolution, die sich dort im Zeitraffer ereignete, wohingegen ähnliche Prozesse zuvor Jahrhunderte benötigten.

Das neue Jahrtausend brachte Aufbau und Verfall neuer Industrien wie der Solarbranche, die nach stürmischen Anfangsjahren durch ungebremste internationale Billigkonkurrenz bald wieder auf bescheidenes Niveau zurücksank. E-Mobilität als Zukunftsthema dürfte ähnliche Entwicklungen hervorrufen: Neue Industrien, Firmen, Zulieferbranchen und Gewerbegebiete werden noch schneller entstehen, sie werden mit weniger Personal auskommen als in der Vergangenheit und aufgrund internationaler Forschungs- und Produktionsverflechtung und modularer Komponentenbauweise von Teilen und Antrieben leichter globalisiert und damit internationalisierter betrieben werden können als die Schwerindustrie der Vergangenheit und noch die Automobilindustrie der Gegenwart. Die Folge wird eine zunehmende Mobilität nicht nur von Menschen, sondern von Arbeitsplätzen und Fertigungskapazitäten sein, während die Standorte und die Produktionshinterlassenschaften im Wortsinne *immobil* sind und bleiben.

Die Forschung zu Stadt- und Raumentwicklung boomt daher. Denn Deutschland, das sich einerseits als Einwanderungsland versteht, andererseits aber erhebliche Schwierigkeiten hat, international attraktiv für qualifizierte Arbeitskräfte zu sein, welches Standort einer den Arbeitsmarkt entwickelnden Hochtechnologie sein möchte, dessen Industrien aber mit jedem Jahrzehnt weniger arbeitskräfteintensiv sind, verfügt nur über endliche Mengen nutzbaren Raums. Wenn nicht weiterhin die Randlagen der Städte in das umliegende Land hineinwuchern und für die Umwelt wichtige Räume zersiedeln sollen, müssen Konzepte entwickelt werden für die Flächen, die in den Ballungsräumen bereits erschlossen sind. Flächen, die teils seit Jahrzehnten brach liegen, auf denen sich einige der genannten Altindustrien befunden haben und auch Flächen, die immer wieder von konjunkturell bedingtem Leerstand betroffen sind, wie Lagerkapazitäten der Logistikbranche. Der Ballungsraum der 2020er Jahre muss in der Belebung und Erneuerung gewerblicher Flächen und gleichzeitig für die Renaturierung von Bereichen eine neue Dynamik entwickeln. Wenn innerstädtische Verslummung, Segregation oder negative Auswirkungen von Gentrifizierung nicht das soziale Leben beeinträchtigen sollen, kommt dem ungenutzt liegenden Raum in Ballungsgebieten eine nicht zu unterschätzende Bedeutung bei. Die globale Gesellschaft ist eine solche der unterschiedlichen Mobilität. Die urbane Ober- und Mittelschicht bewegt sich zwischen ihren nicht mehr lokal verankerten Schauplätzen in eigenen Sphären fort, die Gary Hack 1997 „Elitekorridore“ nannte[1]. Die weniger mobilen Teile der Gesellschaft, die ganz jungen, ganz alten, ganz armen Teile, verbleiben am Ort ihres Lebensmittelpunktes. Dort verfestigen sich soziale Problemlagen, dort sind Menschen von den negativen Begleiterscheinungen vergangener Industrialisierungsschübe wie Verschmutzungen, Arbeitslosigkeit und daraus resultierender Perspektivlosigkeit betroffen. Die Entwicklung von Flächen erscheint so nicht mehr rein als ökonomischer Akt, sondern dient der sozialen Stabilisierung moderner Gesellschaften. Nach den klar ausgewiesenen Industrie-, Gewerbe- und Wohngebieten der Vergangenheit deutet sich eine Wiederkehr der kleinteiligen und sozial / gewerblich gemischten Quartiere an. Hier leben Menschen, wirken kulturell, arbeiten im Home oder Small Office, betreiben eine Nebentätigkeit oder ein Hauptgewerbe, bilden sich fort, arbeiten zu oder anteilig mit, kümmern sich um eigene oder fremde Kinder u. s. w.

Soziale und ökonomische Wandlungsprozesse bedingen und beeinflussen Neu- und Wiederanbindungen von Menschen an Werte und Institutionen. Das ist nicht weniger als ein *Wertewandel*, den Talcott Parsons in ‚An outline of the social system‘ 1961 als Bedingung und Konsequenz eines wahrhaftigen Strukturwandels der Gesellschaft bezeichnet hat.[2] Durch die Bereitstellung räumlicher Reservoire können diese Entwicklungen begleitet und behutsam gesteuert werden und auch mehrfach belastete Quartiere Entlastung erfahren.

Das vorliegende Buch verbindet theoretische mit praktischen Ansätzen und führt durch wesentliche Schritte der Umwidmung und Neuerschließung ehemals industriell genutzter Räume. Es stellt Potentiale und Herausforderungen faktengesättigt und verständlich dar und

1 Forrest, Ray (2004): Who Cares About Neighbourhoods? CNR Paper 26, November 2004. Online: http://neighbourhoodchange.ca/wp-content/uploads/2011/06/Forrest-2004-Who-Cares-about-Neighbourhoods_ESRC-Centre-Neigh-paper.pdf, 20.4.2020.

2 Zapf, Wolfgang (Hrsg.) (1969): Theorien des sozialen Wandels. Köln: Kiepenheuer & Witsch, S. 43.

profitierte von dem Zugriff auf Daten und Archive, die bis dato wenig zugänglich oder gar verschlossen waren. Dadurch werden anhand konkreter Beispiele Steuerungspotenziale deutlich, die Politik und Wirtschaft Impulse und Anregungen vermitteln werden.

Prof. Dr. Stefan Piasecki

Abkürzungsverzeichnis

Abb.	Abbildung
Abs.	Absatz
Anl.	Anlage
Art.	Artikel
ABP	Abschlussbetriebsplan
BauGB	Baugesetzbuch
BBodSchG	Bundesbodenschutzgesetz
BBodSchV	Bundesbodenschutzverordnung
bzw.	beziehungsweise
f.	folgende
ff.	fortfolgende
GG	Grundgesetz
ha	Hektar
ha/T	Hektar pro Tag
Kap.	Kapitel
km^2	Quadratkilometer
LBodSchG	Landesbodenschutzgesetz
LG NRW	Landschaftsgesetz Nordrhein-Westfalen
Nr.	Nummer
NRW	Nordrhein-Westfalen
ROG	Raumordnungsgesetz
S.	Seite
s.	siehe
Tab.	Tabelle
u.	und
u. a.	unter anderem

VwVfG	Verwaltungsverfahrensgesetz
z. B.	zum Beispiel
z. T.	zum Teil

Abbildungsverzeichnis

Tabellenverzeichnis

Anlagenverzeichnis

Kurzfassung

Wie auch die Ressourcen Luft und Wasser ist auch das Schutzgut Boden zunehmend folgenschweren Belastungen ausgesetzt. Welche Auswirkungen die Inanspruchnahme neuer Fläche für Siedlungs- und Verkehrszwecke auf die natürlichen Funktionen des Bodens, die wirtschaftliche Struktur einer Kommune und die soziale Spaltung der Gesellschaft hat, wird häufig unterschätzt. Sowohl vor dem Hintergrund des voranschreitenden Strukturwandels als auch des fehlenden Wohnraums bzw. verfügbarer Baugrundstücke in vielen Kommunen ist die Thematik hochaktuell – auch angesichts den Auswirkungen des Klimawandels. In Deutschland wird eine nachhaltige Flächenpolitik verfolgt, die einen sparsamen Umgang mit Grund und Boden fordert. Daher hat die Bundesregierung zur Verminderung der Flächeninanspruchnahme im Rahmen der Deutschen Nachhaltigkeitsstrategie das Ziel ausgegeben, die Neuinanspruchnahme von Flächen auf unter 30 ha/Tag bis zum Jahr 2030 zu reduzieren und die Außenentwicklung im Verhältnis zur Innenentwicklung auf 1:3 zu beschränken. Ein dieses bis 2030 angesetzten Ziels unterstützendes Instrument ist das Brachflächenrecycling. In der vorliegenden Publikation wird daher die zentrale Fragestellung untersucht, inwiefern durch das Brachflächenrecycling die wichtige Ressource Boden geschützt werden kann. Insbesondere die Revitalisierung von Brachfläche, die durch ihre industrielle Nutzung zu keiner wirtschaftlichen Folgenutzung ohne vorherige Aufbereitung geeignet sind, stellt ein großes Potenzial dar. Brachflächen werden vielfach durch Altlasten und deren Sanierung, was unter anderem hohe Kosten für den Sanierungspflichtigen verursacht, in ihrer wirtschaftlichen Entwicklung und Folgennutzung gehindert. Sie stellen jedoch auch eine erhebliche Chance für die nachhaltige Stadtentwicklung und die Lebensqualität der

Bevölkerung dar. Der Fokus der Publikation liegt auf Industriebrachen, da hier in der Regel erschwerte Bedingungen für die Revitalisierung vorliegen und sie oftmals für lange Zeit im Status der Brachfläche verbringen. Nur mittels staatlicher Förderung ist eine Reaktivierung solcher Flächen erfolgreich. Aufbauend auf der Darstellung der vielseitigen Instrumente und Strategien des Flächenrecycling werden Chancen und Herausforderungen bei der Umsetzung des Brachflächenrecyclings herausgearbeitet. Es wird hierbei vor allem die praktische Umsetzung des Brachflächenrecyclings aus unterschiedlichen Blickwinkeln betrachtet. Dafür wurden Akteure, die am Projekt der ehemaligen Kokerei Hassel beteiligt waren, befragt. Das Projekt wurde hierbei exemplarisch als Vorzeigeprojekt ausgewählt, da es sich als durchweg positiv dargestellt hat und daher sehr gut als Vorzeigeprojekt des Brachflächenrecyclings dienen kann. Als Ergebnis wird insbesondere die Notwendigkeit eines politischen Grundkonsenses, der eine Vorstellung der zukünftigen Stadtentwicklung definiert, festgestellt, um Strategien und Instrumente zielgerichteter einsetzen zu können. Vornehmlich wird die Notwendigkeit einer effektiven Kommunikation zwischen den beteiligten Akteuren des Recyclingprozesses deutlich. Durch die Kombination mit weiteren Instrumenten zur Reduzierung der Neuflächeninanspruchnahme kann die Attraktivität der Brachflächen gesteigert werden. Das ehrgeizige Ziel der Bundesregierung bedarf aber vor allem dem politischen Willen der (kommunalen) Planungsträger, um die Reduzierung der Flächeninanspruchnahme auf 20 ha/Tag zu erreichen. Mit der Beschränkung der Flächeninanspruchnahme auf Altlasten würden sowohl wertvolle Freiflächen und deren natürlichen Funktionen geschont als auch Flächen in bereits bestehende Strukturen der städtebaulichen Ordnung eingepasst, so dass die Innenentwicklung gestärkt wird.

Es ist nicht Ziel dieser Publikation, eine umfassende Darstellung über den aktuellen Stand solcher Sanierungsprojekte zu geben. Vielmehr soll ein Blick auf Erkenntnis- und Forschungszweige des Brachflächenrecyclings geworfen werden, um einen Überblick über die Zukunftsaufgabe des Flächenrecyclings für Kommunen zu vermitteln. Gleichzeitig bietet die Publikation eine Diskussionsgrundlage für eine vertiefte Auseinandersetzung mit dieser Zukunftsaufgabe und ist damit Grundlage für eine Weiterentwicklung der Thematik Bodenschutz. Die Publikation soll möglichst vielen Kommunen Anstöße für einen ressourcenschonenden Umgang mit Flächen und Böden bieten und die praktische Umsetzung in dem Bereich der Altlastensanierung unterstützen, damit auch für künftige Generationen die Befriedung ihrer Bedürfnisse gewährleistet ist.

„Denn das, was wir heute tun werden, wird ein, zwei Jahrzehnte brauchen, um nachhaltig zu wirken, aber auch dann noch Früchte tragen, wenn es uns selber längst nicht mehr gibt."

Rede von Bundespräsident Horst Köhler a. D.
auf der Konferenz „Demographischer Wandel"
am 6. Dezember 2005 in Berlin

Kapitel 1 – Ausgangslage

Der Schutz von natürlichen Ressourcen und eine nachhaltige Stadtentwicklung sind zwei miteinander verbundene aber auch z. T. konkurrierende Aspekte. Bis heute ist die Ressource Boden mit seinen natürlichen Funktionen ein von den meisten Akteuren zu gering geschätztes Gut, dass insbesondere durch anthropogene Eingriffe stetig bedroht ist (LAG 21 NRW, 2008, S. 5). Ziel dieser Publikation ist es, das Brachflächenrecycling als eine Möglichkeit zum Schutz der immer knapper werdenden Freiflächen sowie die Bedeutung der schützenswerten Ressource Boden darzustellen. Der Schutz der vorhandenen Freiflächen auf der einen Seite und der Druck des steigenden Flächenbedarfs durch Wirtschaft und Gesellschaft auf der anderen Seite sind zu einer enormen Herausforderung für Politik, die städtischen Verwaltungen und Wissenschaft geworden. Zudem sind im Zuge des Strukturwandels im Innenbereich der Kommunen Brachflächen entstanden, die ein Flächenpotenzial darstellen, um diesen Paradigmenwechsel zu meistern. Die Bundesregierung war deshalb dazu gedrängt zu handeln und integrierte den Schutz der Ressource Boden in der 2002 verabschiedeten Deutschen Nachhaltigkeitsstrategie unter der Zielsetzung, dass Flächenpolitik erfolgreich ist, wenn Maßnahmen ökonomisch und ökologisch wirksam sowie für die Gesellschaft von Relevanz sind. Dazu müssen sie neben der Entwicklung einer Kommune auch die Reduzierung der Flächeninanspruchnahme fördern und soziale Aspekt berücksichtigen (Genske & Ruff, 2007, S. 6).

Im Jahre 2002 hat die Europäische Kommission im Zuge der Erarbeitung einer gemeinsamen Strategie zum Schutz der Ressource Boden die „Mitteilung an das Europäische Parlament, den Rat, den Wirtschafts- und Sozialausschuss und den Ausschuss der Regionen – Hin zu einer spezifischen Bodenschutzstrategie" präsentiert und sich somit erstmals mit dieser Intensität dem Bodenschutz als eigenständiges Thema auf einer gemeinsamen europäischen Ebene gewidmet (Lee & Bückmann, 2007, S. 11f.).

Schon im Jahr 1992 hat sich die internationale Staatengemeinschaft auf der Konferenz der Vereinten Nationen für Umwelt und Entwicklung in Rio de Janeiro zu einer nachhaltigen Entwicklung u. a. zu diesem Thema bekannt. Dies wurde durch die Agenda 21 als globales Aktionsprogramm für das 21. Jahrhundert konkretisiert. Unter einer nachhaltigen Entwicklung wird gegenwärtig „eine Entwicklung, die den Bedürfnissen der heutigen Generation entspricht, ohne die Möglichkeiten künftiger Generationen zu gefährden, ihre eigenen Bedürfnisse zu befrieden", verstanden (Die Bundesregierung, 2002, S. 1). Demnach ist ein nachhaltiger Bodenschutz auch „vorsorgender Schutz des Bodens, verbunden mit dem Ziel der Zukunftsgerechtigkeit unter Umsetzung des Nachhaltigkeitsgebots und Beachtung des nachhaltigen Umgangs mit den Böden unter Berücksichtigung seiner Tragfähigkeitsgrenzen. Bodenvorsorge für die gegenwärtigen Generationen wird überhöht durch den Aspekt der Zukunftsvorsorge" (KBU, 2009, S. 6). Dabei lassen sich die Begriffe Nachhaltigkeit und Bodenschutz vielfältigen und weitreichenden Themenfeldern zuordnen. Dazu zählen unter Berücksichtigung der Generationsgerechtigkeit und dem schonenden Umgang mit vorhandenen Flächen insbesondere die Verringerung der Neuflächeninanspruchnahme und die Revitalisierung vorgenutzter Flächen, um den Schutz der Ressource Boden zu unterstützen. Diese beiden eng miteinander verknüpften Themen werden in der vorliegenden Publikation intensiv beleuchtet.

Der erhöhte Bedarf und Verbrauch an Flächen aufgrund vielfältiger Aspekte stellt mit seinen Auswirkungen eine gesamtstädtische und fachübergreifende Aufgabe dar. Die im Zuge des Strukturwandels entstandenen Brachflächen im Innenbereich der Kommunen bieten ihnen jedoch ein Flächenpotenzial, das für neue Nutzungen hergerichtet werden könnte, um den erhöhten Bedarf zu decken und die noch bestehenden Freiflächen, vor allem in den Außenbereichen der Kommunen, zu schützen. Das Flächenrecycling und die Folgenutzung dieser Brachflächen ist dabei ein wesentliches Handlungsfeld der Kommunen. Aufgrund der Nutzungshistorie der Flächen ergeben sich jedoch Besonderheiten bei der Aufbereitung und Nutzung. Im Folgenden wird ein Blick auf Erkenntnis- und Forschungszweige des Brachflächenrecyclings geworfen werden, um einen Überblick über die Zukunftsaufgabe des Flächenrecyclings für Kommunen zu vermitteln.

1.1 Problem des Flächenverbrauchs

Das deutsche Baugesetzbuch (kurz: BauGB) benennt einen zentralen Handlungsmaßstab: „Mit Grund und Boden soll sparsam und schonend umgegangen werden“ (§ 1a Abs. 1 BauGB). Des Weiteren fordert das Bundesbodenschutzgesetz (kurz: BBodSchG) zudem, die Funktionen des Bodens nachhaltig zu sichern oder wiederherzustellen (§ 1 BBodSchG). Diesen Ansprüchen in der Praxis gerecht zu werden, stellt die beteiligten Akteure oftmals jedoch vor eine Herausforderung.

In Deutschland wird und soll, unabhängig von den erhobenen Daten und unter Beachtung der rechtlichen Grundlagen, eine nachhaltige Flächenpolitik verfolgt werden, die den Boden schützen soll. Vor dem Hintergrund der negativen Folgen einer steigenden Flächeninanspruchnahme gab die Bundesregierung deshalb im Jahr 2002 im Rahmen der Nationalen Nachhaltigkeitsstrategie mit dem Titel „Perspektiven für Deutschland“ unter der Überschrift „Flächeninanspruchnahme vermindern – Nachhaltige Siedlungspolitik fördern" bekannt: „Ziel ist eine Flächeninanspruchnahme von maximal 30 ha pro Tag im Jahr 2020" (Die Bundesregierung, 2002, S. 99f.). Dieses Ziel wurde in der Neuauflage der Nationalen Nachhaltigkeitsstrategie aus dem Jahr 2016 noch weiter verschärft: Die Inanspruchnahme zusätzlicher Flächen für Siedlungs- und Verkehrszwecke soll bis zum Jahr 2030 auf unter 30 Hektar pro Tag begrenzt werden (Die Bundesregierung, 2016, S. 159). Das Leitbild sowie die 21 Ziele und Indikatoren der Nachhaltigkeitsstrategie sollen „Perspektiven für ein zukunftsfähiges Deutschland" aufzeigen. In den vier Handlungsfeldern Energie und Klimaschutz, Verkehr, Landwirtschaft sowie globale Verantwortung wurden Strategien entwickelt, die Deutschland im Hinblick auf eine nachhaltige Entwicklung unterstützen sollen (BBR, 2006, S. 10). Damit scheint der Wille des Gesetzgebers und der Politik in Bezug auf die Inanspruchnahme neuer Flächen auf Bundesebene eindeutig definiert, dennoch ist die Umsetzung insbesondere auf Landesebene nicht konform mit diesen Zielen.

In Nordrhein-Westfalen wurde der Grundsatz einer flächensparenden Siedlungsentwicklung, wonach das tägliche Wachstum der Siedlungs- und Verkehrsfläche im Sinne der nationalen Nachhaltigkeitsstrategie bis zum Jahr 2020 auf 5 ha und langfristig auf „Netto-Null" in Nordrhein-Westfalen vermindert werden sollte, durch eine Änderung des Landesentwicklungsplanes im Jahr 2018 gestrichen (Wirtschaft.NRW, 2018, S. 24). Der hieraus ergebende Zielkonflikt betrifft die Ebenen der Inanspruchnahme versus Recycling von Flächen. Einem „Null-Hektar"-Ziel, so wie von der Landesregierung umgesetzt, führt dazu, dass ein neuerlicher Druck auf womöglich „neue" Flächen ausgeübt und ein Recycling bzw. Konversion von Altflächen vermieden wird.

Es gibt jedoch kein Patentrezept, um das Problem der Flächeninanspruchnahme zu lösen und damit den Schutz des Bodens zu gewährleisten. Vielmehr wird eine Vielfalt flexibler, zukunftsfähiger Konzepte sowie innovativer Instrumente benötigt, die für die jeweilige Situation der Länder sowie Kommunen eine passende Lösung bieten (Bock, Hinzen & Libbe, 2009, S. 7).

Künftig soll das Flächenrecycling das Ziel der Deutschen Nachhaltigkeitsstrategie unterstützen (Die Bundesregierung, 2002, S. 99). Aufgrund des wirtschaftlichen Wandels verlieren ehemals genutzte Flächen zunehmend ihre bisherige Funktion, sie werden quasi nicht mehr gebraucht und liegen „brach". Diese Flächen bilden ein Flächenpotential im Innenbereich der Kommunen, welches eine hohe Bedeutung für eine nachhaltige Entwicklung, mithin für die Zukunft der Städte hat. Es wird dadurch die These, dass durch das Flächenrecycling im Innenbereich die Neuflächeninanspruchnahme im Außenbereich gemindert, wird, - Stichwort Innen- vor Außenentwicklung, - und vor der Umwandlung in Siedlungs- und Verkehrsflächen geschützt werden kann, verfolgt (IBoMA & AKOPLAN, 2002, S. 6). Gleichwenn diese Entwicklung bspw. mit den Zielkonflikten der Klimaanpassung, eine neue Aufgabe für Städte mit dem Ziel der Freihaltung von innenstadtnahen Flächen, konkurrieren.

1.2 Ursachen des steigenden Freiflächenverbrauchs

Zur Erforschung der Ursachen, die die Flächeninanspruchnahme nachhaltig beeinflussen, wurden in den letzten Jahren zahlreiche Projekte von unterschiedlichsten Einrichtungen durchgeführt. Die Entwicklung des Flächenverbrauchs wird durch eine Vielzahl von divergenten Faktoren beeinflusst. Im Folgenden werden vor diesem Hintergrund ausschließlich die wesentlichen Ursachen des Freiflächenverbrauchs aufgezeigt, sodass dies keine abschließende Darstellung ist.

Als Ursachen für die Entwicklung des Flächenverbrauchs können zwei wesentliche Aspekte genannt werden. Zum einen ist dies die Flächennachfrage von privaten Haushalten, Unternehmen und öffentlicher Hand, zum anderen aber auch das Angebotsverhalten der Kommunen. Denn sie entscheiden im Wesentlichen darüber, ob bislang nicht baulich genutzte Fläche zukünftig für andere Nutzungen zur Verfügung gestellt werden (Siedentop, 2005, S. 20f.).

Es besteht seitens der Bevölkerung in den Städten aber auch auf dem Land eine hohe Nachfrage nach neuen Flächen für Wohngebäude mit der eindeutigen Tendenz zu dem flächenintensiven Bau von Einfamilienhäusern (Niedersächsisches Ministerium für Umwelt und Klimaschutz, 2011, S. 11). Bevorzugt wird zudem heutzutage von vielen Bürgerinnen und Bürgern sowie privaten Unternehmen das Bauen auf der „grünen Wiese“ (IBoMa & AKOPLAN, 2002, S. 6), die Vorteile des Wohnens in einer zentralen Lage werden indes sekundär (Niedersächsisches Ministerium für Umwelt und Klimaschutz, 2011, S. 11) (näher dazu: Kurzfilm der Arbeitsgruppe „Bewusstseinswandel im Flächenverbrauch“, 2007). Der Wunsch nach dem Wohnen auf der „grünen Wiese“ wird zudem „durch ungelöste innerstädtische Probleme, wie schlechte Luftqualität, Lärmbelastung, unattraktives Wohnumfeld, teure Mieten und Immobilienpreise sowie das schlechte Image einzelner Quartiere“ verstärkt (Bock, Hinzen & Libbe, 2011, S. 26). Die Nachfrage der Bevölkerung nach Wohnfläche wird neben der Bevölkerungsentwicklung (s. Kap. 1.2.1) auch von der Entwicklung der Zahl der Haushalte sowie deren Personenanzahl und Wohnfläche pro Personen bestimmt, die wiederum auch durch die Wohlstandentwicklung einer Gesellschaft beeinflusst werden (Jörissen & Coenen, 2007, S. 67).

Seitens der Kommunen kann als Ursache auch die Vernachlässigung der Innenentwicklungspotenziale angesehen werden. Nachverdichtung aber vor allem die Revitalisierung von Brachflächen bieten den Kommunen ein Potenzial, dass noch nicht ganzheitlich ausgeschöpft wurde (Niedersächsisches Ministerium für Umwelt und Klimaschutz, 2011, S. 11). Des Weiteren ist das hohe Angebot an Flächen von Kommunen, die dies mit „stadtentwicklungspolitischen und fiskalischen Interessen begründen", eine Ursache für steigenden Freiflächenverbrauch (Bock et al., 2011, S. 27).

Eine zusätzliche Herausforderung scheint das fortbleibende gesellschaftliche Problembewusstsein und die nicht eintretende Änderung des Verhaltens darzustellen. Nur wenn der Bevölkerung die Folgen der steigenden Neuflächeninanspruchnahme sowie die Degradierung von Böden durch bestimmte Nutzungen bewusst sind, werden sie die erforderlichen Maßnahmen akzeptieren und selbst aktiv handeln (BBR, 2006, S. 31). Aufgrund des unzureichenden Wissens findet die Problematik bisher wenig Unterstützung und Akzeptanz in der Bevölkerung (Jörissen & Coenen, 2007, S. 168f.).

1.2.1 Demografischer Wandel als Randbedingung

Deutschland befindet sich in einem erheblichen demografischen Wandel. Nach Vorausberechnungen des Statistischen Bundesamtes wird die Bevölkerungszahl bis 2025 noch etwa auf dem derzeitigen Niveau stabil bleiben, ab dann trotz eines hohen Wanderungssaldos abnehmen (s. Abb. 1). Im Rahmen der 14. Koordinierten Bevölkerungsvorausberechnung hat das Statistische Bundesamt insgesamt neun Varianten der möglichen Bevölkerungsentwicklung in Deutschland bis 2016 präsentiert. Prognosen der Bevölkerungsentwicklung basieren in der Regel auf Annahmen zur zukünftigen Lebenserwartung, Geburtenhäufigkeit und Zu- und Abwanderungssalden.

Die drei Varianten in der Vorausberechnungen des Statistischen Bundesamtes (s. Abb. 1) unterscheiden sich in ihren Annahmen hinsichtlich des Zu- und Abwanderungsprozesses. Sie zeigen, wie sich die Bevölkerung bei unterschiedlich starker Zuwanderung entwickeln würde. Dabei wird bei den drei Varianten konform angenommen, dass sich die jährliche Geburtenrate bei 1,55 Kindern je Frau festigt und die Zahl der Kinder je Frau auf 1,6 ansteigt, währenddessen sich

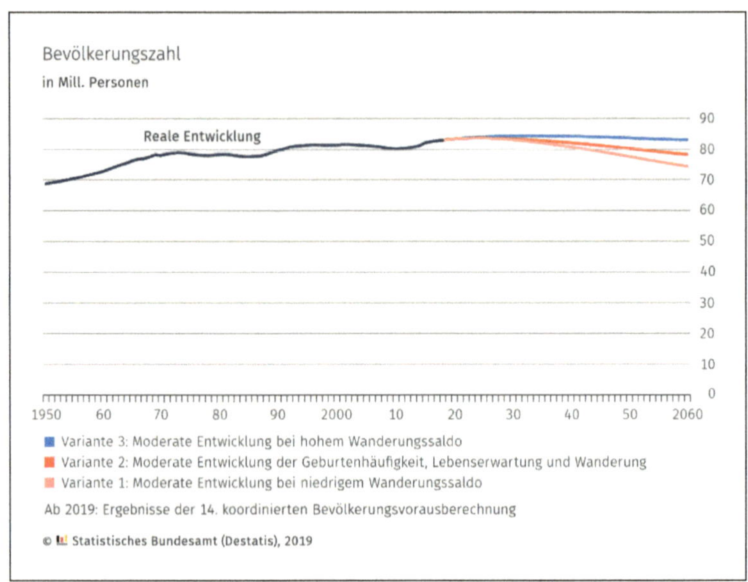

Abbildung 1: Bevölkerungszahl in Mill. Personen (Statistisches Bundesamt, 2019).

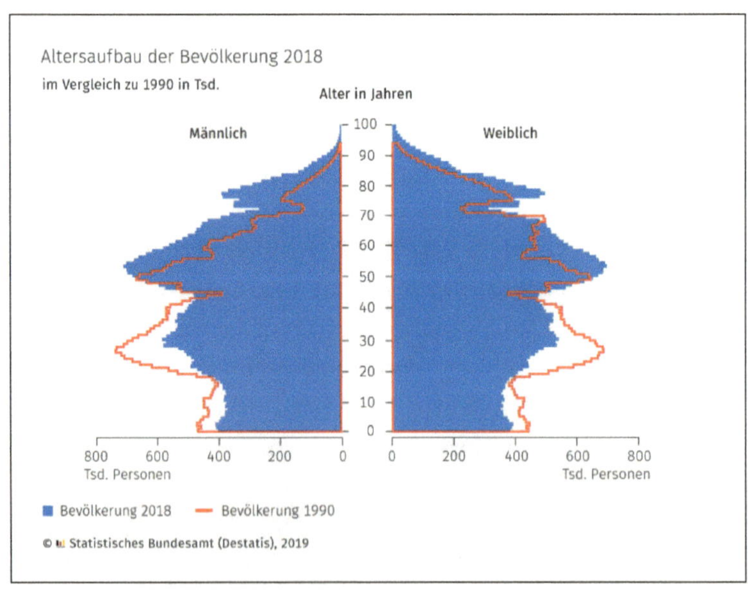

Abbildung 2: Altersaufbau der Bevölkerung 2018 im Vergleich zu 1990 in Tsd. (Statistisches Bundesamt, 2019).

die Lebenserwartung bis 2060 für Jungen auf 84,4 und für Mädchen auf 88,1 Jahre erhöht (Destatis, 2019, S. 13).

Neben dem prognostizierten Bevölkerungsrückgang ist die zweite bedeutsame Herausforderung im Hinblick auf den demografischen Wandel die Veränderung der Altersstruktur (s. Abb. 2). Infolge der der zu erwartenden niedrigen Geburtenraten und zunehmenden Lebenserwartungen schiebt sich die Altersstruktur und die deutsche Gesellschaft „altert".

Die zuvor dargestellten Herausforderungen bezogen auf die gesamte Bundesrepublik Deutschland werden sich regional unterschiedlich auswirken. Die stärksten Auswirkungen demografischer Veränderungen werden in den neuen Bundesländern auftreten (Abbildung 3 und 4).

Unter Flächenländer Ost werden die neuen Bundesländer Brandenburg, Mecklenburg-Vorpommern, Sachsen, Sachsen-Anhalt sowie Thüringen zusammengefasst.

Eine weitere Einflussdimension des Flächenverbrauchs stellt damit auch der demographische Wandel und die damit verbundene eindimensionale Entwicklung der Bevölkerung in Hinblick auf ihre Lebensstile und Altersstruktur dar. Der in den letzten Jahren zu beobachtbare Rückgang weiterer Flächeninanspruchnahmen kann damit auch demografisch erklärt werden (Jörissen & Coenen, 2007, S. 59ff.).

Der Rückgang der Belegungsdichte im Wohnungsbestand, der teilweise auf den Alterungsprozess der Gesellschaft zurückgeführt wird, ist eine weitere Ursache für Flächenverbrauch. So verbleiben Familien immer häufiger in ihren einmal bezogenen Wohnungen, auch wenn sich die familiäre Situation ändert („Remanenz-Effekt") (Siedentop, 2005, S. 20f.). Der Flächenverbrauch ist damit primär ein Spiegelbild gesellschaftlicher Entwicklungen, die es von staatlichen Institutionen zu identifizieren gilt sowie als Handlungsgrundlage für weitere Maßnahmen anzuwenden.

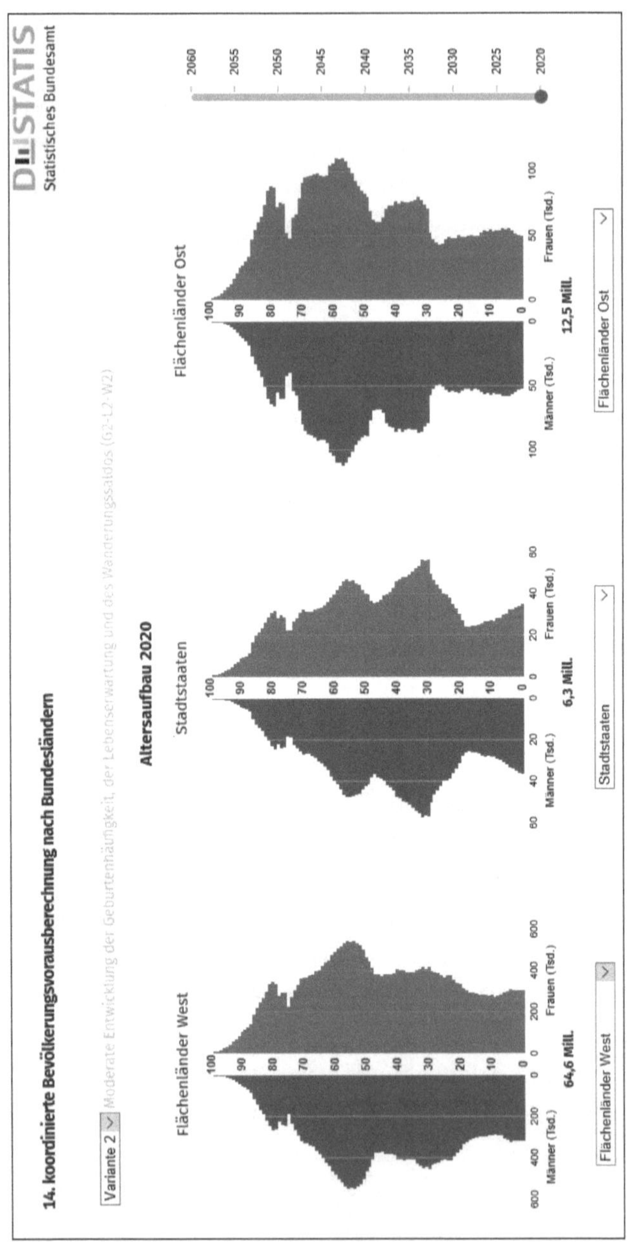

Abbildung 3: Altersaufbau 2020 auf Grundlage der Ergebnisse der 14. koordinierten Bevölkerungsvorausberechnung für Deutschland und die Länder (Statistisches Bundesamt, 2019).

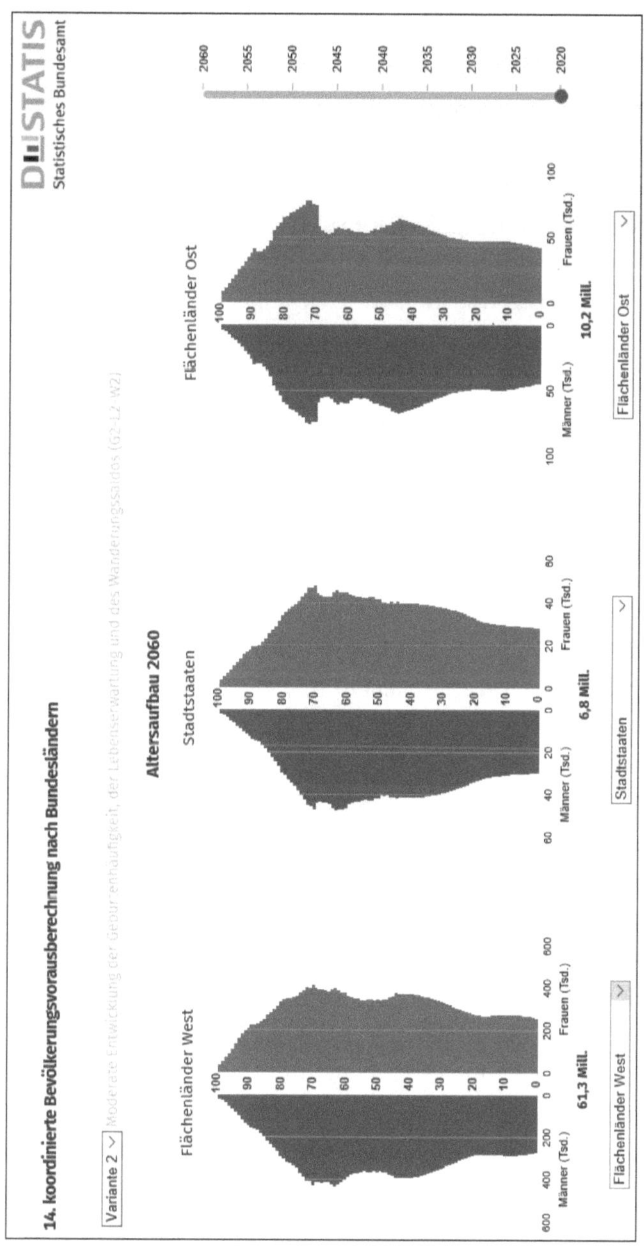

Abbildung 4: Altersaufbau 2060 auf Grundlage der Ergebnisse der 14. koordinierten Bevölkerungsvorausberechnung für Deutschland und die Länder (Statistisches Bundesamt, 2019).

1.2.2 Von der Montanindustrie zur Dienstleistungsgesellschaft

Deutschland beendete im Jahr 2018 hat nach mehr als 200 Jahren die Ära des industriellen Steinkohlebergbaus. Die kohlefördernden Regionen wurden durch den Bergbau jahrelang maßgeblich geprägt. Es formte sich im Verlauf der Industrialisierung eine industrielle und gesellschaftliche Monokultur, die sich an die Anforderungen der Montanindustrie angepasst hatte. Im Strukturwandel ist die Expansion des Dienstleistungssektors nun der dominierende Prozess. Die ersten Anzeichen der Regression der Montanindustrie drängten Politik und Wirtschaft bereits dazu, das Vorantreiben des Strukturwandels als dringlichste Aufgabe wahrzunahmen. Die Montanindustrie hat jedoch eine Vielzahl an „Erblasten“ hinterlassen.

> *„Der Rückzug der Montanindustrie bedeutet […] mehr als nur die Entwertung von Flächen, Gebäuden und Infrastrukturen. Ein ganzes Lebensmodell und die berufliche Qualifikationen der ehemals dominanten Gruppen des Reviers werden entwertet. […] Erneuerung einer alten Industriegesellschaft heißt daher weit mehr als bauliche, ökologische und ökonomische Erneuerung. Sie beinhaltet auch die weit schwierigere und ungreifbarere Aufgabe einer sozialen und kulturellen Erneuerung“ (Kleine & Siebel, 1994, S. 98).*

Die industrielle Geschichte des Ruhrgebiets reicht mehr als 150 Jahre zurück. Früher der Motor des wirtschaftlichen Aufschwungs, gehört das Ruhrgebiet heute zu den altindustriellen Regionen, die im erhöhten Maße die Herausforderungen des Strukturwandels konfrontiert sind. Denn die einseitigen Industriezweige sind auf dem Rückzug und hinterlassen den Kommunen riesige Flächen, die einer meist sinnvollen Folgenutzung zugeführt werden können. Aufgrund der boden-chemischen Veränderungen der ehemaligen Montanstandorte, die eine unkomplizierte und schnelle Um- und Wiedernutzung verhinderten, entstanden jedoch immer mehr Brachflächen im Innenbereich. Auch bauliche Altlasten, bekannt oder unbekannt, z. B. in Form mächtiger Stahlbeton-Fundamente und Hochbauten sowie Bergsenkungen beeinträchtigen die Folgenutzung solcher Flächen.

Stahlindustrie und Bergbau hinterließen und hinterlassen Flächen, die zwar häufig mit Altlasten belastet sind, aber nach einem Flächenrecycling eine wertvolle innerstädtische Nutzfläche für unterschiedlichste Nutzungen bieten können. Industriebrachen werden aufgrund dessen auch als „Jahrhundertchance der Stadterneuerung" bezeichnet. Die brachfallenden Flächen der Montanindustrie im Zuge des Strukturwandels bieten ein Potenzial, um Freiraum zurückzugewinnen sowie die Inanspruchnahme unbelasteter Flächen zu reduzieren (Butzin, Pahs & Prey, 2009).

1.3 Entwicklung des Flächenverbrauchs in Zahlen

Die Fläche der Bundesrepublik Deutschland beträgt im Jahr 2016 357.580 km^2 (s. Abb. 5). Zur Gesamtfläche zählen insbesondere landwirtschaftlich genutzte Flächen, Waldflächen sowie Siedlungs- und Verkehrsflächen. Den größten Teil nehmen mit 51,1 % die landwirtschaftlich genutzten Flächen ein, die Wasserfläche beansprucht mit 2,3 % der Gesamtfläche den geringsten Teil.

Die Art der Flächennutzung hat einen starken Einfluss auf die gesamte Umwelt (UBA, 2018). Vor allem die zunehmende Flächennutzung für Siedlungs- und Verkehrsfläche hat viele negative Auswirkungen auf die Umwelt. Nennenswert sind unter anderem der direkte Verlust der vorher meist landwirtschaftlich genutzten Böden sowie dessen natürliche Funktionen (Jörissen & Coenen, 2007, S. 10).

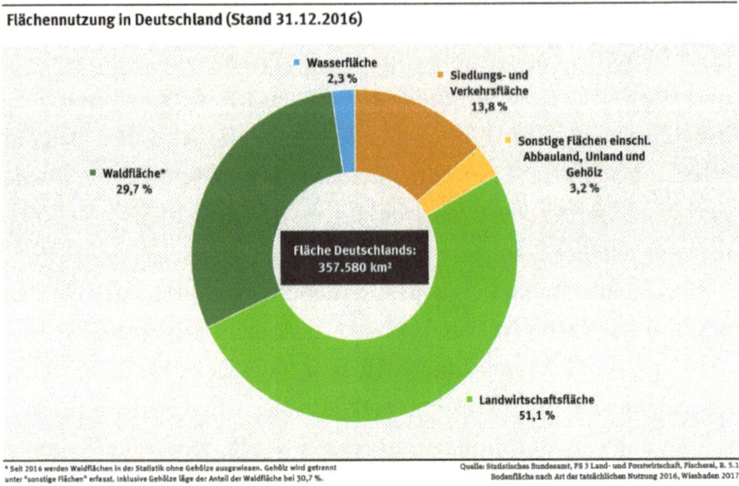

Abbildung 5: Flächennutzung in Deutschland (Stand 31.12.2016) (UBA, 2018).

In Tabelle 1 wird einen Überblick über die Art der Bodennutzung in Deutschland vermittelt. Die Siedlungs- und Verkehrsflächen lassen sich u. a. noch weiter in Sport-, Freizeit- und Erholungsflächen sowie Verkehrsflächen differenzieren. Abbauland zählt gegenwärtig nicht zu den Siedlungs- und Freiflächen. Allerdings geht der Abbau von Bodenschätzen mit erheblichen Beeinträchtigungen der natürlichen Bodenfunktionen einher, sodass auch diese Art der Bodennutzung bei zukünftigen Diskussionen in Hinblick auf die Bewertung von Flächennutzung berücksichtigt werden sollte. Jährlich wird ein Teil des Abbaulandes, wo der land- und forstwirtschaftlich nutzbare Boden bereits unwiederbringlich verloren gegangen ist, aufgegeben und durch neue Abbauflächen ersetzt, sodass trotz der Tatsache, dass der Flächenanteil von Abbauland in Relation zu den Siedlungs- und Verkehrsflächen eher gering ist, nicht ungeachtet bleiben sollte (UBA, 2004, S. 79).

Tabelle 1: Flächennutzung nach Nutzungsarten in Deutschland in km^2 (Statistisches Bundesamt, 2019; eigene Darstellung u. Berechnung).

Fläche in km^2	2018
Waldfläche	106 546
Landwirtschaftsfläche	181 625
Wasserfläche	8 202
Abbauland	1 496
Siedlungs- und Verkehrsfläche	49 819
Sport-, Freizeit-, Erholungsfläche	*5 188*
Verkehrsfläche	*18 047*
Bodenfläche insgesamt in DE	357 582

Nach den verfügbaren Zahlen der Flächenerhebung setzt sich jedoch ein Trend sinkender Neuinanspruchnahme von Flächen für Siedlung und Verkehr fort (s. Abb. 6). In den Jahren 2009 bis 2012 lag der Zuwachs der Siedlungs- und Verkehrsflächen bei ca. 74 ha pro Tag. Damit gab es erstmal gegenüber den hohen Zuwächsen zum Ende der 1990er Jahre mit damals über 129 ha/T eine rückläufige Entwicklung des Flächenverbrauchs. Betrachtet man die Jahre 2014 und 2015, so sinkt der Flächenverbrauch für Siedlungs- und Verkehrsflächen weiter. Jedoch liegt der Flächenverbrauch immer noch weit über dem Reduktionsziel der Nationalen Nachhaltigkeitsstrategie aus dem Jahr 2002. Demnach soll der Flächenverbrauch auf maximal 30 ha pro Tag bis zum Jahr 2020 reduziert werden, welches in der Neuauflage 2016 noch auf die Maßgabe „30 minus x“ Hektar pro Tag“ verschärft wurde, sodass immer noch erheblicher staatlicher Handlungsbedarf besteht (BBSR, 2014, S. 3).

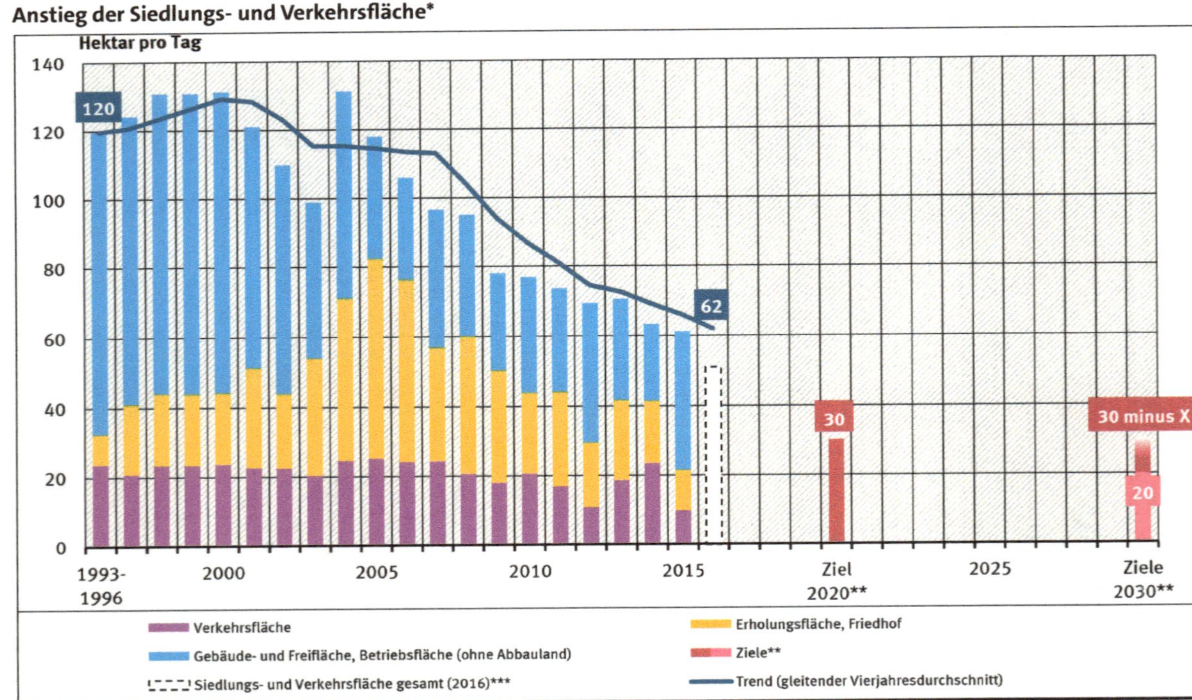

Abbildung 6: Anstieg der Siedlungs- und Verkehrsfläche (UBA, 2018).

* Die Flächenerhebung beruht auf der Auswertung der Liegenschaftskataster der Länder. Aufgrund von Umstellungsarbeiten in den Katastern (Umschlüsselung der Nutzungsarten im Zuge der Digitalisierung) ist die Darstellung der Flächenzunahme ab 2004 verzerrt.

** Ziel 2020: „Klimaschutzplan 2050"; Ziele 2030: „30 minus x" Hektar pro Tag: „Deutsche Nachhaltigkeitsstrategie, Neuauflage 2016"; 20 Hektar pro Tag: „Integriertes Umweltprogramm 2030"

*** Ab 2016 entfällt aufgrund der Umstellung von automatisierten Liegenschaftsbuch (ALB) auf das automatisierte LiegenschaftskatasterInformationssystem (ALKIS) die Unterscheidung zwischen „Gebäude- und Freifläche" sowie „Betriebsfläche ohne Abbauland". Außerdem treten im Jahr 2016 aufgrund von Umgruppierungen zwischen Nutzungsarten gravierende statistische Artefakte auf, sodass es weder sinnvoll ist, die Aufteilung der SV-Flächen-Änderung auf Verkehrsflächen, Erholungsflächen und Bau- und Betriebsflächen anzugeben, noch einen Zahlenwert für die Veränderung der SV-Fläche insgesamt im Jahr 2016 zu nennen. Für das Jahr 2016 hat das statistische Bundesamt deshalb nur der Wert für den 4-Jahres-Mittelwert 2013 bis 2016 veröffentlicht.

Kritisch angemerkt werden kann jedoch, dass der Indikator „Zunahme der Siedlungs- und Verkehrsfläche in ha/T" nur eine Tendenz zeigt, da dieser stark bodenbeschädigte Flächen und umweltgerecht genutzte Flächen gleichstellt, in Anbetracht dessen jedoch grundlegende Unterschiede in Hinblick auf die Auswirkungen auf die Ressource Boden entstehen (Jörissen & Coenen, 2007, S. 19). Für das Jahr 2016 sind die Daten zudem nur eingeschränkt verwendbar, da in diesem Jahr eine Umstellung der Erhebungsmethode erfolgte (UBA, 2018).

Allerdings ist dem entgegenzuhalten, dass auch die neu in Anspruch genommen Flächen, selbst unter der Voraussetzung, dass diese anfangs schonend genutzt werden, „einem „schleichenden Degradierungsprozess durch unkontrollierbare und kontinuierliche Nutzungsintensivierungen unterliegen" (UBA, 2004, S. 76f.). Aufgrund dessen spiegelt der Indikator „Zunahme von Siedlungs- und Verkehrsfläche" zumindest ein Beeinträchtigungspotenzial wieder, dass erst in Zukunft verwirklicht wird. Sind Beeinträchtigung jedoch einmal eingetreten, unabhängig von deren Ausmaß, so sind diese überwiegend von dem Aspekt der Irreversibilität geprägt. Vor allem irreversible Prozesse sind vor dem Hintergrund der Forderung einer nachhalti-

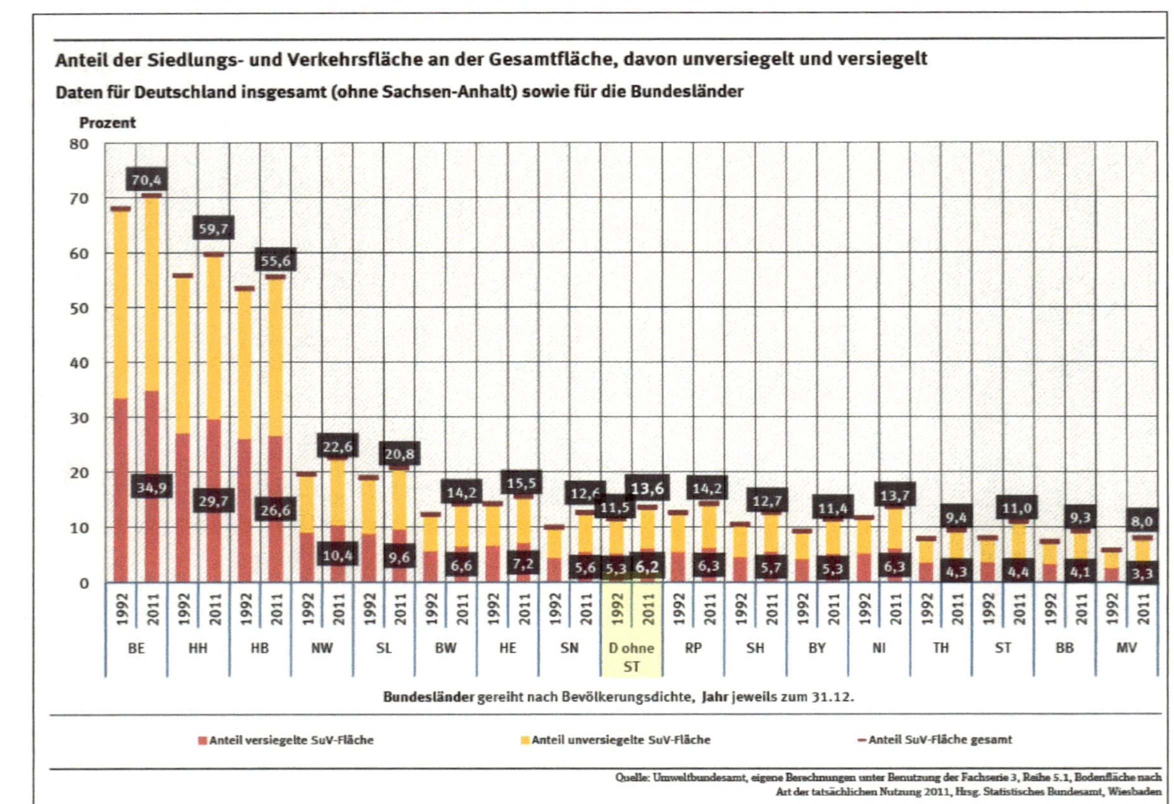

Abbildung 7: Anteil der Siedlungs- und Verkehrsfläche an der Gesamtfläche (UBA, 2013).

gen Entwicklung mit besonderer Aufmerksamkeit zu berücksichtigen (UBA, 2004, S. 76f.).

Bezüglich der Verteilung der Flächennutzung für Siedlungs- und Verkehrsflächen an der Gesamtfläche gibt es in Deutschland je nach Lage der Kommune erhebliche Unterscheide (BBSR, 2014, S. 4ff.) (s. Abb. 7). Auffällig ist jedoch, dass der Anteil der Siedlungs- und Verkehrsfläche in allen aufgeführten Bundesländern im Vergleich der Jahre 1992 und 2011 zugenommen hat. Der Anteil an versiegelten und unversiegelten Flächen liefert wichtige Zusatzinformationen hinsichtlich des Zustands der Böden innerhalb der Siedlungs- und Verkehrsflächen. Der Indikator ist nicht für sich allein aussagefähig, zeigt jedoch, inwiefern „ zusätzlich zur quantitativen Ausdehnung potenziell beeinträchtigter Flächen auch qualitative Veränderungen" vorliegen. Allerdings gibt auch dieser Indikator – ebenso wie der Indikator „Zunahme der Siedlungs- und Verkehrsfläche" – keine Informationen über Bodenveränderungen wie Bodenverdichtung, Unterflurverdichtung oder Schadstoffeintrag (UBA, 2004, S. 73ff.). Die Bezeichnungen „Siedlungs- und Verkehrsfläche" und „versiegelte Fläche" beschreiben nicht den gleichen Sachverhalt. Jedoch ist davon auszugehen, dass mit steigender Flächeninanspruchnahme auch der Versiegelungsgrad zunimmt, der die natürlichen Bodenfunktionen nachteilig beeinflusst.

Besonders problematisch erscheint die zuvor beschriebene Situation der weiterhin hohen Flächeninanspruchnahme mit Blick auf den Rückgang der Bevölkerungszahlen. Denn nur wenige Kommunen können eine Neuflächeninanspruchnahme bei sinkender Bevölkerung rechtfertigen, die unter dem Aspekt des Nachhaltigkeitsanspruchs auch nicht verantworten ist (Holländer et al., 2010, S. 13).

1.4 Aktueller Forschungsstand

Zur Erforschung der Ursachen der steigenden Flächeninanspruchnahme, sowie zur Entwicklung von Instrumenten und Strategien zur Unterstützung der Zielvorgabe der Deutschen Nachhaltigkeitsstrategie wurde in den letzten Jahren eine Vielzahl von Forschungsprojekten durchgeführt. Diese wurden sowohl von der EU als auch vom Bund und den einzelnen Bundesländern initiiert. Beteiligt sind und waren die Ministerien des Bundes und Landes, aber auch Forschungseinrichtungen, Verbände sowie regionale und kommunale Gebietskörperschaften.

Grundlage der Forschungsprojekte sind die Daten des statistischen Bundesamtes (DESTATIS) sowie Statistiken der jeweiligen Bundesländer und Kommunen.

Auch wenn die Inanspruchnahme neuer Flächen in den letzten Jahren zurückgegangen ist und die nachhaltige Entwicklung in Hinblick auf die Flächeninanspruchnahme erste Erfolge zeigt, wird nach der Analyse des aktuellen Flächenverbrauchs deutlich, dass das von der Bundesregierung in der Deutschen Nachhaltigkeitsstrategie 2016 verabschiedete Ziel ohne eine weitere Fokussierung und strikteren Umsetzung der geltenden Vorgaben nicht erreicht werden kann.

Aufgrund dessen muss die Diskrepanz zwischen Theorie und Praxis künftig näher untersucht und in den Fokus gerückt werden. Es müssen praxistaugliche und nachhaltige Lösungswege für den Umgang der Flächeninanspruchnahme entwickelt werden. Bei aller Sinnhaftigkeit der verschärften Forderung nach Innen- vor Außenentwicklung stellt sich für Kommunen die Frage nach praktischen Umsetzungsmöglichkeiten bei hohen Nachfragen nach Flächen.

Das vom Bundesministerium für Bildung und Forschung bis 2010 initiierte Förderprogramm „Forschung für die Reduzierung der Flächeninanspruchnahme und ein nachhaltiges Flächenmanagement

(REFINA)“ stellt in seiner ersten Publikation drei Thesen auf (BBR, 2006, S. 9):

- Die Reduzierung der Flächeninanspruchnahme unter dem Gesichtspunkt der Nachhaltigkeit erfordert weitere politische Rahmensetzungen. Es besteht ein Bedarf an akteursbezogenen Handlungsinstrumenten.
- Im Mittelpunkt steht die Sicherung der Finanzierbarkeit der einzelnen Maßnahmen im Sinne der Vorteilhaftigkeit der Nachnutzung von Brachflächen gegenüber der grünen Wiese.
- Die Komplexität des Prozesses Flächenrecycling erfordert eine interdisziplinäre Herangehensweise, sowohl auf der Seite der politischen bzw. administrativen Akteure, als auch bei der Standort- und Projektentwicklung.

Auch die Bundesregierung kam zu der Folgerung, dass „einige wenige Einzelmaßnahmen rechtlicher oder finanzieller Art die angestrebte Trendwende voraussichtlich nicht bewirken können“ (BBR, 2006, S. 11). Dies unterstreicht das Erfordernis eines integrativen Lösungsansatzes unter stärkerer Einbeziehung aller Akteure zur Verringerung der Neuflächeninanspruchnahme.

Im Rahmen des Förderprogramms REFINA wurden insgesamt über 100 einzelne Projekte zur Reformierung des zukünftigen Flächenverbrauchs umgesetzt. Bezogen auf das Recyceln von brachliegenden Flächen sowie Altlasten sind die folgenden Projekte des Förderprogramms hervorzuheben:

- NFM-H – Nachhaltiges Flächenmanagement Hannover – Entwicklung eines fondsbasierten Finanzierungskonzepts zur Schaffung wirtschaftlicher Anreize für die Mobilisierung von Brach- und Reserveflächen und Überprüfung der Realisierungschancen am Beispiel der Stadt Hannover

- Altindustriestandorte – Entwicklung von Analyse- und Methodenrepertoires zur Reintegration von Altindustriestandorten in urbane Funktionsräume an Fallbeispielen in Deutschland und den USA
- Integrale Sanierungspläne – Verbundvorhaben „Integrale Sanierungspläne im Flächenrecycling" – Erarbeitung einer Handlungshilfe für Behörden zum Umgang mit einfachen und integralen Sanierungsplänen als Instrument zur Förderung und Erleichterung des Flächenrecyclings auf kontaminierten Standorten
- SINBRA – Strategien zur nachhaltigen Inwertsetzung nicht-wettbewerbsfähiger Brachflächen am Beispiel der ehemaligen Militär-Liegenschaft Potsdam-Krampnitz
- BioRefine – Bewertung von Schadstoffen im Flächenrecycling und nachhaltigen Flächenmanagement auf der Basis der Verfügbarkeit/ Bioverfügbarkeit

Unabhängig davon wurde in den Jahren 2014 bis 2017 im Rahmen des Projekts „Institutionelle und instrumentelle Aufbereitung und Weiterentwicklung von Maßnahmen zur Reduzierung der Flächeninanspruchnahme im Hinblick auf deren Umsetzung in der Gesetzgebung, im Verwaltungsvollzug und im Bereich privater Akteure beim Flächenmanagement – Teilvorhaben 1: Aktionsplan", welches durch das Bundesministerium für Umwelt, Naturschutz, Bau und Reaktorsicherheit (BMUB) vertreten durch das Umweltbundesamt in Auftrag gegeben wurde, ein „Aktionsplan Flächensparen" entwickelt.

Daneben wurde im Forschungsprojekt „Implementierung von Flächensparinstrumenten", das im Jahr 2019 abgeschlossen wurde und vom Deutschen Institut für Urbanistik im Auftrag des Umweltbundesamtes durchgeführt wurde, neben der Entwicklung einer Informations- und Kommunikationsplattform zur Thematik Flächenverbrauch ausgewählte Instrumente zur Steuerung der Flächeninanspruchnahme in Bezug auf ihre praktische Umsetzbarkeit untersucht worden.

Das Vorhaben richtete sich nach dem flächenpolitischen Ziel des Bundes, wonach die Neuflächeninanspruchnahme bis zum Jahr 2020 auf 30 Hektar pro Tag reduziert sowie die Innentwicklung in den Kommunen stärker gefördert werden soll.

Neben den genannten Forschungsprojekten und Veröffentlichungen gibt es diverse Publikationen, die sich den Themen Flächeninanspruchnahme und Flächenrecycling widmen. Die eingangs beschriebenen Förderprogramme, die direkt oder indirekt das Recyceln und Revitalisieren von Brachflächen begünstigen, wurden in den letzten Jahren insbesondere für Kommunen durch die Europäische Union, den Bund und die Länder sichergestellt.

In NRW kam die Landesregierung bereits früh zu der Erkenntnis, das vor allem Bergbau-, Industrie- und Verkehrsflächen, die ihre ursprüngliche Nutzung infolge des Rückgangs der Montanindustrie und anderer Strukturveränderungen verloren haben, als Gewerbeflächen oder Wohnflächen wieder aufgewertet können, um die Inanspruchnahme neuer Flächen zu reduzieren. Herausforderung bei der Reaktivierung solcher Flächen ist der hohe Anteil brachliegender Flächen, die mit Altlasten belastet sind oder auf denen Altlasten vermutet werden. Zur Unterstützung der Kommunen in Hinblick auf die potenzielle Gefahr, die von einer solchen Fläche ausgeht, sowie die Sanierung hat das NRW-Umweltministerium auch hier ein Förderprogramm mit den inhaltlichen Schwerpunkten „Bodenschutz- und Altlastenförderung“ entwickelt. Das Land fördert des Weiteren seit 2015 die Erfassung von Altablagerungen, Altstandorten, schädlicher Bodenveränderungen, Verdachtsflächen im Sinne des § 2 Abs. 3 und 4 BBodSchG sowie sonstiger ehemals baulich genutzter Flächen (Brachflächen), aber auch Maßnahmen zur Gefahrenermittlung und -abwehr im Sinne des BBodSchG (MULNV, 2019).

Wie bereits Eingangs geschildert, steuern viele Kommunen durch ihre Städtebauförderung die „Innenentwicklung vor Außenentwicklung“, was zu einer Veränderung der Stadt- und Siedlungsstruktur führt. Die Kommunen forcieren trotz des Personalmangels und dem erhöhten Arbeitsaufwand, der für die entsprechenden Ämter damit einhergeht, verstärkt auch die finanziellen Engagements, um das Flächenrecycling von Brachflächen voranzubringen um hierdurch z. B. neues Gewerbe oder auch neue Wohngebiete anzusiedeln bzw. umzusetzen. Dazu zählt unter anderen die geänderte Eigenheimzulage, die Maßnahmen für Neubauten in gleichem Maße fördert wie den Erwerb und die Modernisierung von Gebäuden auf Brachflächen (UBA, 2005, S. 10).

Kapitel 2 – Flächenverbrauch in Deutschland

Vor dem Hintergrund der Folgen der Flächeninanspruchnahme von natürlichen, nicht überbauten Flächen für Siedlungs- und Verkehrszwecke gilt eine Verringerung der Neuflächeninanspruchnahme in Deutschland seit Jahren als ein primäres Ziel einer nachhaltigen Entwicklung. Zentrales Element dieser nachhaltigen Entwicklung ist eine „sparsame, natur- und sozialverträgliche Flächennutzung", zu der sich die Bundesrepublik Deutschland im Jahr 1996 auf der Weltsiedlungskonferenz „Habitat II" zusammen mit anderen Staaten bekannte (UBA, 2004, S. 1). Die Bundesregierung forderte bereits im Jahre 1985 in ihrer verabschiedeten Bodenschutzkonzeption neben der „Minimierung von qualitativ oder quantitativ problematischen Stoffeinträgen aus Industrie, Gewerbe, Verkehr, Landwirtschaft und Haushalten" eine „Trendwende im Landverbrauch". Demnach sollen Bodennutzungen verstärkt den natürlichen Standortbedingungen angepasst und „noch vorhandene natürliche und naturnah genutzte Flächen gesichert werden" (Bundesminister des Innern, 1985, S. 8). Eine Konkretisierung dessen erfolgte im Jahr 1998 durch den Entwurf eines „Umweltpolitischen Schwerpunktprogramms" der Bundesregierung. Dort wurde das Ziel ausgegeben, eine zusätzliche Flächeninanspruchnahme für Verkehrs- und Siedlungszwecke auf 30 ha/Tag bis 2020 zu beschränken. Dieses Handlungsziel hat die damalige Bundesregierung 2002 in ihre Nachhaltigkeitsstrategie für Deutschland übernommen (Jörissen & Coenen, 2007, S. 14) und folgende Zielstellungen forciert (UBA, 2004, S. 1):

- Freiraum schützen
- Siedlungsentwicklung flächenschonend steuern
- Siedlungsentwicklung im Bestand attraktiv und ökologisch steuern.

Vor dem Hintergrund der nachhaltigen Entwicklung ist daher eine Begrenzung und Verringerung der Flächeninanspruchnahme fundamental notwendig. Es besteht weiterhin Bedarf, mit der begrenzt verfügbaren Ressource „Fläche“ effizient und sparsam umzugehen. Unter den Synonymen Flächeninanspruchnahme und Flächenverbrauch wird jede nichtstoffliche Bodenbelastung, die durch anthropogene Einflüsse auf die Bodenqualität verursacht wird, verstanden (KBU, 2009, S. 4). Darunter fallen jegliche „Veränderungen der gewachsenen Bodenprofile und der Grundwasserverhältnisse durch bauliche Maßnahmen, Zerschneidungswirkungen durch linienhafte Infrastrukturen, klein- und mesoklimatische Verschlechterungen durch Bebauung bis hin zu Beeinträchtigungen des Landschaftsbildes“ (Bückmann, 1992, S. 8).

2.1 Zur Bedeutung der Ressource Boden

> *„Aus naturwissenschaftlicher Sicht ist der Boden ein Teil der Ökosphäre – ein nicht reproduzierbares und nur sehr begrenzt vermehrbares, undurchschaubar komplexes System aus anorganischen und organischen Einzelsubstanzen und Substanzkonglomeraten, die an der Oberfläche fester Bodenpartikel, im Bodenwasser und in der Bodenluft aufeinander einwirken oder miteinander reagieren" (Bückmann et al, 1997, S. 104).*

Das Umweltmedium Boden gehört zum endlichen Naturkapital der Menschheit. Böden bilden die obere Schicht der Erdkruste, einschließlich der flüssigen Bestandsteile und der gasförmigen Bestandteile ausgenommen jedoch sind das Grundwasser und die Gewässerbetten (§ 2 Abs. 1 BBodSchG) und erfüllen eine Vielzahl von unentbehrlichen und kaum mit monetären Zahlen belegbaren Funktionen (s. Tab. 2). Seit 1999 stellt das Bundes-Bodenschutz (BBodschG) diese wertvollen Funktionen unter besonderen Schutz. Aufgrund seiner besonderen Eigenschaften im Vergleich zu anderen Umweltmedien ist der Boden „somit gleichsam das Gegenteil von dem, was Politik und Gesellschaft in der Vergangenheit, in der sie den Boden als Schadstoffsenke benutzte, annahmen" (Bückmann, 1992, S. 3). Der Erhalt aller Bodenfunktionen ist damit eine „wesentliche Voraussetzung für eine nachhaltige ökologische, ökonomische und soziale Entwicklung unserer Gesellschaft" (Stadt Reutlingen, 2019). Denn bereits 1972 wurde in der Europäischen Bodencharta festgehalten: „Der Boden ist eines der kostbarsten Güter der Menschheit" (Europarat, 1972).

Tabelle 2: Funktionen des Bodens im Sinne des BBodSchG (§ 2 II BBodSchG; eigene Darstellung).

Natürliche Fuktionen	**Archivfunktionen**	**Nutzungsfunktionen**
Lebensgrundlage und -raum für Menschen, Tiere, Pflanzen und Bodenorganismen Bestandteil des Naturhaushalts, insbesondere mit seinen Wasser- und Nährstoffkreisläufen Abbau-, Ausgleichs- und Aufbaumedium für stoffliche Einwirkungen auf Grund der Filter-, Puffer- und Stoffumwandlungs-eigenschaften, insbesondere auch zum Schutz des Grundwassers	Natur- und Kulturgeschichte	Rohstofflagerstätte Fläche für Siedlung und Erholung Standort für die land- und forstwirtschaftliche Nutzung Standort für sonstige wirtschaftliche und öffentliche Nutzungen, Verkehr, Ver- und Entsorgung

Die Ressource Boden kann zwar im eigentlichen Sinne nicht „verbraucht“ werden, jedoch kann sie nach Art und Weise der Nutzung nachhaltig erheblich in ihrer zukünftigen Nutzungsmöglichkeit eingeschränkt werden (Jörissen & Coenen, 2007, S. 9). Aus diesem Grund ist es bei keiner anderen Ressource so offensichtlich, dass eine dauerhafte Inanspruchnahme nicht möglich und keinesfalls im Interesse künftiger Generationen steht (Wissenschaftlicher Beirat Bodenschutz, 2000, S. 23ff.). Als Ursache für die Degradation und den Verlust der natürlichen Bodenfunktionen wird im Wesentlichen die Bewirtschaftung durch den Menschen angeführt (Jörissen & Coenen, 2007, S. 34).

Gerade Deutschland verfügt über Boden mit guten Eigenschaften. Diese fruchtbaren, ertragsreichen Böden sind unbedingt vor Schadstoffeintrag zu schützen. Durch das Einbringen von Schadstoffen, unsachgemäßer Bearbeitung oder die übermäßige Düngung sind diese schützenswerten Böden bereits bedroht, sodass eine Neuflächeninanspruchnahme solcher Böden als Industrie- oder Siedlungsflächen auch vor dem Hintergrund der begrenzten Verfügbarkeit vermieden werden sollte (Harjes & Walter, 1999, S. 244f.).

Im Unterschied zu den Schutzgütern Luft und Wasser bestehen jedoch an der Ressource Boden private Verfügungsrechte, die eine Herausforderung für den Bodenschutz darstellen. Das Interesse des Eigentümers an der Nutzung und das Interesse der Allgemeinheit an der Erhaltung dieser Ressource bilden oft einen Zielkonflikt, den es zu lösen gilt (Jörissen & Coenen, 2007, S. 35).

Böden spielen zudem auch eine zentrale Rolle im Hinblick auf die Thematik Klima. Als Lebensgrundlage für den Menschen wie auch als zentraler Bestandteil von Ökosysteme sind sie unmittelbar von Klimaänderungen betroffen. Des Weiteren haben Eingriffe und Veränderungen der Bodeneigenschaften Auswirkungen auf das (Stadt-) Klima (Stadt Reutlingen, 2019).

2.2 Folgen der Flächeninanspruchnahme

Der Flächenverbrauch hat aufgrund der ausgeprägten Multifunktionalität des Umweltmediums Boden (s. Kap. 2.1) zahlreiche soziale, ökonomische als auch ökologische Folgen. Diese Multifunktionalität führt jedoch auch dazu, dass der Flächenverbrauch häufig vielschichtige, nicht vorhersehbare Folgewirkungen mit sich bringt, die durch Synergieeffekte oder komplexe Wirkungsketten ausgelöst werden (Siedentop, 2005, S. 21f.). Nachkommend werden daher die wesentlichen Folgen der Flächeninanspruchnahme für Kommunen und deren Bevölkerung erläutert, diese Darstellung ist vor dem Hintergrund der vielfältigen Funktionen des Bodens und der nicht kalkulierbaren Folgewirkungen nicht abschließend.

Die Inanspruchnahme neuer Flächen für Siedlungs- und Verkehrsflächen vollzieht sich vor allem auf zuvor landwirtschaftlich genutzten Flächen. Die Potenzierung erfolgte in der Vergangenheit oft auf regional fruchtbaren Böden. Dieser Aspekt führt zu einer der bedeutsamen Folgen der Flächeninanspruchnahme: Der Verlust hochwertiger landschaftlicher Böden, verbunden mit dem Problem der Irreversibilität. Besonders die zunehmende Bebauung sowie Versiegelung der Böden begünstigt diese weitreichenden Konsequenzen. Sie schädigen die natürlichen Bodenfunktionen und Archivfunktionen unwiederbringlich (UBA, 2004, S. 93). Ist der Boden einmal bebaut, bleibt seine Funktion im Ökosystem langanhaltend unveränderlich gehemmt. Einzig mit Maßnahmen, die technisch sowie finanziell mit großem Aufwand verbunden sind, lassen sich Böden mitunter wiederherstellen (Neite & Frieling, 2016, S. 39).

Daneben zählen der Beitrag zur Verschärfung von Hochwasserereignissen und Reduzierung der biologischen Vielfalt zu den wichtigsten ökologischen Folgen der Flächeninanspruchnahme (Siedentop, 2005, S. 21f.). Die Beeinträchtigung des Wasserhaushalts führt neben der Verschärfung von Hochwasserereignissen außerdem zu Störungen bei der Neubildung von Grundwasser sowie zur Erhöhung des Schadenspotenzials in Wasserrückhaltebereichen (UBA, 2004, S. 72f.). Böden „bilden die unabdingbare Voraussetzung für eine wirksame und gefährdungsfreie Grundwassererneuerung“. Insbesondere durch die Zunahme Versiegelung auf intensiv genutzten Flächen lassen sich „nicht hinreichend beachtete Zusammenhänge zwischen städtebaulichen Aktivitäten und der hydrogeologischen Situation“ erkennen (Bückmann, 1992, S. 12ff.). Die ökologischen Folgen erstrecken sich folglich von lokalen Umweltauswirkungen, wie z. B. dem Bodenabtrag bis hin zu „synergetischen Belastungs- und Schädigungsformen". Nennenswert sind hier vor allem stadtklimatische Phänomene oder die „Verringerung des Genpools infolge zunehmender Zerschneidung der Landschaft", der charakteristisch für die Folgen des Flächenverbrauchs ist, „da oftmals nicht der Verlust einzelner Flächen von entscheidender Bedeutung ist, sondern die kombinierte Wirkung aus dem Verlust einer Vielzahl von Flächen, die in ihrer Gesamtheit eine erhebliche Umweltbeeinträchtigung darstellen können" (Holländer et al., 2010, S. 13).

Soziale Folgen betreffen insbesondere die Spaltung der Gesellschaft zulasten der Stadtzentren und zugunsten des Umlandes, da einkommensstarke Bevölkerungsgruppen das Wohnen auf der „grünen Wiese" bevorzugen oder die zunehmende Abhängigkeit von motorisierten Verkehrsmitteln, um nur einige Beispiele zu benennen (Holländer et al., 2010, S. 15). Die Lebensqualität wird durch das erhöhte Verkehrsaufkommen erheblich beeinträchtigt und fördert das Abwandern der einkommensstarken Bevölkerung. Der Trend der sozialen Entmischung wurde bereits von der Politik erkannt und unter anderen in der Novellierung des Baugesetzbuches im Rahmen der Thematik „Stadtumbau" (§§ 171aff. BauGB) aufgegriffen.

Auch die direkten und indirekten ökonomischen Folgewirkungen sind signifikant. Ökonomische Folgen sind insbesondere (Niedersächsisches Ministerium für Umwelt und Klimaschutz, S. 12):

- Übermäßige Investitionen in Neubauten, die Unternutzung und Verfall bestehender Gebäude mit einhergehendem Werteverlust begünstigen,
- Hohe Erschließungskosten und infrastrukturelle Folgekosten durch abnehmende bauliche Dichte,
- Dauerhafte Kosten für Kommunen, die Zwischenerwerber für Brachflächen werden.

Die langjährige intensive Wohnungsbautätigkeit bei gleichzeitigem Bevölkerungsrückgang führt zu erheblichen Wohnungsleerständen. Die Flächen mit leerstehenden Gebäuden verlieren langfristig ihre Nutzung und es entstehen „Siedlungsbrachen“ (UBA, 2004, S. 95).

Die Inanspruchnahme neuer Flächen hat damit eher langfristige bzw. nicht sofort spürbare Folgen. Dies hat auch zur Konsequenz, dass die Folgen lange nicht wahrgenommen wurden, da auf Umweltbelastungen, deren Folgen unmittelbar spürbar für den Einzelnen sind, schneller reagiert wird (Aden, 2012, S. 39f.). Für einen nachhaltigen Umgang mit Umweltressourcen ist die sparsame und schonende Nutzung von Grund und Boden jedoch ein unverzichtbarer Bestandteil.

2.3 Die Situation der Kommunen

Neben der Herausforderung der Verringerung der Neuflächeninanspruchnahme sind die Kommunen aber auch bereits durch fehlende Flächenreserven in dicht besiedelten Gebieten gezwungen, den Schwerpunkt der städtebaulichen Planung auf die Innenentwicklung zu legen. Gerade durch die gezielte Revitalisierung von nicht mehr genutzten Flächen, können natürliche Ressourcen geschützt und der Bedarf an Flächen gedeckt werden (Koch & Schneider, 1997, S. 25).

Das Erreichen des 30-Hektar-Ziels gemäß der Nachhaltigkeitsstrategie für Deutschland in der Neuauflage aus dem Jahr 2016 ist in erster Linie eine Aufgabe der Länder und Kommunen. Die Maßnahmen der Bundesregierung tragen größtenteils nur mittelbar zur Zielerreichung bei (Die Bundesregierung, 2016, S. 159). Kommunen haben bereits vor allem in den Innenbereichen zahlreiche Anstrengungen unternommen, um vorgenutzte Flächen für neue Nutzungen zu entwickeln. Auch wenn eine genaue Benennung des Brachflächenbestandes mangels präziser Daten derzeit nicht möglich ist, kann das verfügbare Flächenpotential jedoch nach wie vor als erheblich eingeschätzt werden (IBoMa & AKOPLAN, 2002, S. 20ff.).

Daneben ergreifen Kommunen noch weitere Maßnahmen, um das Flächen einzusparen (Hartmund, 2005, S. 34):

- Günstige Zuordnung der Flächennutzung in der Bauleitplanung,
- Weiterentwicklung von Siedlungen sowie Schließen von Baulücken sowie
- städtebauliche Verdichtung in gut angebundenen Bereichen.

Die Kommunen sind zudem einem interkommunalen Wettbewerb um Einwohner, Beschäftigte und Gewerbetreibende ausgesetzt, indem die Bereitstellung von Flächen als wesentlicher Motor angesehen wird. Dieser interkommunale Standortwettbewerb wird jedoch primär durch die schwierige finanzielle Lage der Kommunen getrieben, die sich durch die Ansiedlung von neuen Einwohnern und Gewerbetreibenden ein erhöhtes Gewerbe- und Grundsteueraufkommen erhoffen (Jörissen & Coenen, 2007, S. 13). Einige Kommunen nutzen jedoch auch Synergien, in dem Sie z. B. interkommunale Gewerbegebiete planen und umsetzen, um hierdurch eine Flächenreduzierung für Gewerbe zu erreichen.

Nach Art. 20a GG ist Adressat des Schutzes der natürlichen Lebensgrundlagen der „Staat“. Damit werden sowohl der Bund als auch die Länder umfasst, die Kommunen werden jedoch aufgrund ihrer staatsorganisationsrechtlichen Zugehörigkeit zu den Ländern auch verpflichtet zum Schutz der Ressource Boden als grundgesetzunmittelbare Aufgabe beizutragen (Hebeler, Hendler, Proelß & Reiff, 2015, S. 14). Die Kommunen sind somit nicht die Hauptakteure des Umweltschutzes, können aber durch die Konkretisierung von Umweltschutzanforderungen in Form von Satzungen ihren eignen Gestaltungsspielraum ausnutzen (Aden, 2012, S. 68f.). Der Planung hinsichtlich der Bebauung sowie Grün- und Erholungsflächen wird durch die Kommunen im Bebauungsplan festgehalten, den sie als Satzung beschließt (§ 10 Abs. 1 BauGB). Die kommunale Bauleitplanung dient damit im Rahmen der kommunalen Selbstverwaltung (Art. 28 Abs. 2 GG) als „Lösung von raumbedeutsamen Bodenkonflikten" (Hebeler et al., 2015, S. 33). Wie eingangs beschrieben, sind die Kommunen einem internationalen Wettbewerb ausgesetzt, sodass viele Planungsvorhaben durch einflussreiche Interessenvertreter im Konflikt mit Belangen des Umweltschutzes stehen (Aden, 2012, S. 69). Kommunen sind schlussendlich in einer Schlüsselposition, da die Stadtentwicklungs- sowie Bauleitplanung kraft Gesetzes zu ihren hoheitlichen Aufgaben zählen (LAG NRW 21, 2008, S. 5). Allerdings muss auch kritisch angemerkt werden, dass Kommune zwar im Rahmen der Bauleitplanung gesetzlich verpflichtet sind mit Grund und Boden sparsam umzugehen, aber in Folge ihrer Ermessensausübung anderen Belangen, wie z. B. der Ansiedlung von Gewerbe und damit der Schaffung von Arbeitsplätzen, den Vorrang geben können. Es kann von einer Kommune nicht verlangt werden, „dass sie ihre konkreten Interessen zugunsten eines abstrakten, bundesweiten Flächensparziels zurückstellt" (UBA, 2004, S. 98).

Die notwendige Verringerung der Neuflächeninanspruchnahme ist mit sozialen und wirtschaftlichen Entwicklungsperspektiven sowie den Interessen der Ausweisung nach Wohn-, Gewerbe- und Industriegebieten einer Kommune zu koordinieren. Grundlage für die Flächenpolitik der Kommunen muss damit ein allumfassender Ansatz, der die verschiedensten Interessen berücksichtigt und ausgleicht, sein. Gleichwohl bestehen vor dem Hintergrund des demographischen Wandels sowie hoher Kosten für die Schaffung der Infrastruktur Bedenken, ob eine weitere Flächeninanspruchnahme für Siedlungsflächen mit erheblichen Vorteilen zu begründen ist. Aufgrund dessen sollte den Kommunen exakt vorgegeben werden, wie viele Flächen sie in Bezug auf das bundesweite Ziel in Anspruch nehmen dürfen.

2.4 Ziele einer nachhaltigen Flächennutzung

Im Rahmen einer nachhaltigen Entwicklung, die in Deutschland mit der nationalen Nachhaltigkeitsstrategie verfolgt wird, gewinnt das Thema „Flächennutzung" immer größerer Bedeutung. Allein der oftmals verwendete Begriff „Flächenverbrauch" macht die Problematik deutlich, da die Ressource Fläche im eigentlichen Sinne nicht verbraucht werden kann (s. Kap. 2.1), sondern nur unterschiedlichen Nutzungen zugeführt wird. Mit der Unterzeichnung der Deklaration der Agenda 2030 für eine nachhaltige Entwicklung hat sich Deutschland verpflichtet, den dort gestellten Anforderungen „gerecht" zu werden. Ungeachtet dessen ist vor dem Hintergrund der begrenzten Verfügbarkeit von Fläche und Boden ein schonender Umgang notwendig, um die Generationengerechtigkeit und eine natürliche Ökologie der Flächen zu gewährleisten (Scharp, 2005, S. 14f.). Denn eine nachhaltige Entwicklung, wie sie bereits auf dem Klimagipfel im Jahre 1992 in Rio de Janeiro gefordert wurde, „beinhaltet die Verantwortung für zukünftige Generationen und die Notwendigkeit des schonenden Umgangs mit der Natur und mündet in der Aufgabe, den Faktor Umwelt in das wirtschafts- und gesellschaftspolitische Handeln zu integrieren" (Hartmund, 2005, S. 23).

Das Ziel einer nachhaltigen Flächennutzung, die auch im Sinne einer nachhaltigen Stadtentwicklung (Sustainable Development) ist, muss es demnach sein, die immer knapper werdenden Flächen besser zu nutzen und die Umwandlung unbebauter, natürlicher Flächen in Siedlungs- und Verkehrsflächen deutlich reduzieren. Unter dem Begriff „Sustainable Development" wird eine nachhaltige Entwicklung verstanden, welche die Bedürfnisse der jetzigen Generationen befriedigt, ohne jedoch dabei die Befriedung der Bedürfnisse künftiger Generationen riskieren (Bauer, 2008, S. 1).

Die nachhaltige Flächennutzung im Rahmen der nachhaltigen Entwicklung kann damit nicht als statisch angesehen werden, sondern als „veränderbarer Prozess, in dem die Nutzung der Ressource *[Boden]*, die Richtung der Investitionen, die Orientierung der technischen Entwicklung und die institutionellen Änderungen in Einklang mit zukünftigen und den gegenwärtigen Bedürfnissen gebracht werden“ (United Nations, 1987, S. 24ff.).

Eine wichtige Rolle bei der Konkretisierung der Zielsetzung nehmen die drei Nachhaltigkeitsfaktoren Ökologie, Ökonomie und Soziales ein. Aufgabe ist es, die noch vorhandenen Freiflächen mit ihren natürlichen Bodenfunktionen zu schützen (ökologische Dimension), bebaute Flächen bestmöglich zu nutzen (ökonomische Dimension) sowie Erholungsflächen für die Bevölkerung zu erhalten (soziale Dimension).

Der (vorsorgende und nachhaltige) Bodenschutz ist zudem weiterhin ein – auch per Gesetz festgeschriebenes – Ziel. „Aufgabe des Bodenschutzes ist es, den Flächenverbrauch und die Versiegelung von Böden zu vermindern, Bodenverdichtungen und Erosionsprozesse zu vermeiden sowie schädliche Stoffeinträge und die Auswirkungen bestehender Schadstoffbelastungen des Bodens zu minimieren“ (Hartmund, 2005, S. 7), wobei die vorliegende Publikation sich auf die Thematik des Flächenverbrauchs beschränkt. Der Schutz des Bodens kann beispielweise vor dem Hintergrund der Wiedernutzbarmachung von ehemaligen Flächen des Bergbaus sehr kostspielig sein, sodass vermeidbare Schäden an Böden in Zukunft verhindert werden sollten. Dies setzt einen verantwortungsvollen Umgang jedes Individuums „ gegenüber der Gesellschaft und ihrer Umwelt voraus, die über die Beachtung gesetzlicher Vorschriften hinausgeht“ (Fiedler, 1990, S. 12).

Die Komplexität der Zielsetzung macht deutlich, dass eine nachhaltige Flächennutzung nur mit einer Vielzahl zukunftsfähiger Instrumente und Strategien erreichbar ist und eine allumfassende Betrachtung und Einbeziehung aller potenziellen Akteure gewährleistet ist. Das Ziel der nationalen Nachhaltigkeitsstrategie, welches ein quantitatives Handlungsziel darstellt, kann damit als Orientierung dienen, um die ersten Schritte in Richtung einer nachhaltigen Entwicklung objektiv messbar zu machen (Jörisson & Coenen, 2007, S. 59).

Kapitel 3 – Grundlagen: Brachflächen

„Die Zukunft liegt auf Brachflächen", so lautet der Titel einer Publikation des Umweltbundesamtes aus dem Jahr 2005 (UBA, 2005, S. 1). Brachflächen im urbanen Raum werden mittlerweile große Potenziale zugeschrieben, denn sie bieten die Chance, die gesetzlichen und dahinter stehend auch z. T. politischen Vorgaben hinsichtlich der Verringerung der Neuflächeninanspruchnahme zu erfüllen. Sie bieten die Möglichkeit, die Innenbereiche der Kommunen interessanter, lebenswerter und attraktiver zu gestalten und den ländlichen Raum vor Bauprojekten zu schützen.

Im Laufe der Jahrhunderte verändert sich die Struktur einer Stadt stetig. Gründe dafür sind beispielweise neue Gesellschaftsformen oder Produktionsmöglichkeiten. Vor allem Flächen sind Zyklen wechselnder Nutzungen und auch kurzzeitigem Fehlen von Nutzungen unterworfen, sodass dies kein neues Phänomen für die städtische Entwicklung darstellt. Im Zuge der Industrialisierung wurde die städtische Entwicklung jedoch primär durch Expansion bestimmt und die Nichtnutzung von Flächen bildete eine Ausnahme. Dies änderte sich durch den demographischen Wandel sowie zusätzlich im Laufe des wirtschaftlichen Strukturwandels von einer Industrie- zu einer Dienstleistungsgesellschaft, wo immer mehr nicht mehr benötigte, ungenutzte Flächen entstanden. In einem natürlichen Flächenkreislauf werden Flächen für eine bestimmte Zeit einer bestimmten Nutzung zugeführt und liegen danach bis zu ihrer Folgenutzung zumeist brach. Für manche Brachflächen bedarf es allerdings – abhängig von ihrer Vornutzung sowie Historie und ggf. daraus resultierenden belastenden Folgen– externer Hilfe, um diese einer neuen Nutzung zuzuführen. Dieser Kreislauf ist – aus unterschiedlichsten Gründen – insbesondere für ehemalige Industrie- und Militärbrachen gegenwärtig gehemmt (Weitkamp, 2009, S. 1). Vor allem die industriellen Brachflächen sind das Resultat der zuvor beschrieben Situation. Sie haben ihre Funktion zwar verloren, was jedoch eine generelle Eignung andere Nutzungsformen nicht ausschließt. Mit Blick auf die städtische Entwicklung sowie dem Ziel der Verringerung der Neuflächeninanspruchnahme wird den Brachflächen ein besonderes Potenzial zugeschrieben (BBR, 2006, S. 9).

3.1 Definition und Erläuterungen

In Deutschland existiert keine einheitliche, allgemeingültige Definition des Begriffs „Brachfläche" (im Englischen „Brownfield"). Unstrittig ist jedoch die Tatsache, dass es sich dabei um Flächen handelt, die bereits in unterschiedlichster Art genutzt worden sind (UBA, 2005, S. 5). Ursprünglich kommt der Begriff aus der Landwirtschaft, „wo er einen unbestellten Acker bezeichnet, der innerhalb der Dreifelderwirtschaft zu Regenerationszwecken brachliegt" (BBR, 2006, S. 9). Die Brachfläche wird hier jedoch bewusst nicht mehr genutzt, um sie für eine neue Nutzung vorzubereiten, sodass die Definition nicht auf aufgegebene Standorte übertragbar ist (Bundesminister für Raumordnung, Bauwesen und Städtebau, 1985, S. 38). Im BauGB wird der Begriff der Brachfläche nur in Zusammenhang mit der Begründung des Allgemeinwohls für die Durchführung von städtebaulichen Entwicklungsmaßnahmen erwähnt (§ 165 Abs. 3 Nr.2 BauGB). Dennoch erfolgt keine Definition des Begriffs. Die einzige gesetzliche Definition findet sich in § 24 des Landschaftsgesetzes NRW:

> *„Als Brachflächen gelten Grundstücke, deren Bewirtschaftung aufgegeben ist oder die länger als drei Jahre nicht genutzt sind, es sei denn, dass eine Nutzung ins Werk gesetzt ist“ (§ 24 Abs. 2 LG NRW).*

Vielfach wird in der Literatur versucht den Begriff durch Definitionen aus unterschiedlichen Blickwinkeln fassbar zu machen. So kann der Begriff aus städtebaulicher Sicht definiert werden als:

> *„ungenutzte, funktionslose Flächen, von denen sich Investoren, Eigentümer und Nutzer vorübergehend oder endgültig zurückgezogen haben. Damit ist ein tatsächlicher Zustand beschrieben, dem vielfältige Motivationen zugrunde liegen können, von Spekulationsabsichten über fehlende Nachfrage, private Vermögensverhältnisse (Erbschaftsprobleme) bis zu Freude am Wildwuchs an solchen Flächen“ (Dieterich, 1984, S. 978f.).*

Anzumerken ist bei diesem städtebaulichen Begriffsverständnis allerdings die fehlende Zeitkomponente. Es ist anzunehmen, dass erst ab einer bestimmten zeitlichen Dauer eine verlassene Fläche als Brachfläche zu bewerten ist (IBoMa & AKOPLAN, 2002, S. 14). Vor dem Hintergrund der steigenden Bedeutsamkeit eines Flächenmanagements ist schnelleres Handeln maßgeblich, sodass die gewählte Zeitspanne von 5 Jahren Mitte der 80er Jahre durch Dieterich auf 3 Jahre – wie im § 24 LG NRW – reduziert wurde (Ministerium für Stadtentwicklung, Kultur und Sport des Landes NRW, 1998, S. 9).

Eine wesentlich weitere Definition fasste auch Kahnert:

> *„Als Brachflächen werden […] aufgegebene Betriebsgrundstücke verstanden, die bisher keiner optimalen neuen Nutzung zugeführt wurden und betriebliche Reserveflächen, die von den Unterneh-*

men nicht mehr benötigt werden. Brachflächen entstehen in der Regel als Folge des wirtschaftlichen Strukturwandels bei gleichzeitig geringer wirtschaftlicher Dynamik, so dass die üblicherweise auf ein freiwerdendes Grundstück drängenden Nachfolgenutzungen nicht vorhanden sind. Um eine erneute Nutzung zu erreichen, ist daher im Allgemeinen städtebaulicher Handlungsbedarf gegeben" (Kahnert, 1988, o. S.).

Im Jahre 2002 versuchte das Altlasten-Forschungsnetzwerk CLARINET die vielfältigen Definitionen zu bündeln und stellte selbst folgende Definition auf:

„Brachflächen sind Flächen, die aufgegeben wurden oder ungenutzt sind, die tatsächliche oder angenommene Altlastenprobleme haben, die hauptsächlich in entwickelten urbanen Gebieten liegen, die einer Intervention bedürfen, um sie wieder einer nutzbringenden Nutzung zuzuführen" (Franz, 2008, S. 52f.).

Die Brachflächendefinition wird zudem durch die Berücksichtigung des öffentlichen oder privaten Handlungsbedarfs beeinflusst. Dieses Kriterium findet sich bei Brachflächen in unterschiedlicher Ausprägung, da Dienststellen in einigen Fällen nur beraten müssen, aber auf anderen Flächen die Notwendigkeit der Durchsetzung einer Ordnungsmaßnahme besteht (IBoMa & AKOPLAN, 2002, S. 13).

Häufig wird der Begriff der Brachfläche mit Kontaminationen der Fläche in Verbindung gebracht. Nicht jede Brachfläche ist jedoch zwingend kontaminiert, die Abbildung 8 stellt den Zusammenhang zwischen Kontaminationen und Brachflächen dar (Weitkamp, 2009, S. 28).

Abbildung 8: Zusammenhänge zwischen Kontaminationen und Brachflächen (Weitkamp, 2009, S. 28).

Gemäß der gewählten Definition des Begriffs „Brachfläche“, können im weitesten Sinne auch Baulücken „als Flächen geringer Ausdehnung im Siedlungsbestand, die unbebaut oder nur geringfügig bebaut sind“, erfasst werden (BBR, 2006, S. 10). Sie können sowohl in Gebieten mit einem Bebauungsplan nach § 30 BauGB als auch im Zusammenhang bebauter Ortsteile nach § 34 BauGB angesiedelt sein (Sorg, 2015, S. 6). Im Vergleich zu Baulücken ergeben sich bei Brachflächen relativ große Gebiete, die für eine neue Nutzung zur Verfügung stehen (Vahlenkamp, 2009, S. 46). Des Weiteren können auch Reserveflächen „als Flächen, die beispielweise von Betrieben für Expansionszwecke vorgehalten wurden, deren Nutzung aber erkennbar auf absehbare Zeit oder dauerhaft nicht mehr erfolgen wird“, als Brachflächen kategorisiert werden (BBR, 2006, S. 11). Für die vorliegende Publikation werden sowohl Baulücken als auch Reserveflächen nicht unter dem Begriff „Brachfläche“ erfasst.

Wie eingangs beschrieben, gibt es keine einheitliche Definition und die bisherigen Ausführungen zeigen die vielfältigen, teilweise divergenten Definitionen des Begriffs. Daher hängt die Definition auch immer vom Untersuchungsfokus ab. Auch die Ausprägungen des Strukturwandels beeinflussen die Abgrenzung des Begriffs (BBR,

2006, S. 9). Zur Schaffung einer allgemein verständlichen Definition des Begriffs, vor allem aber als Grundlage für die vorliegende Publikation, soll Brachfläche für diese Publikation in Anlehnung an die Definition des Altlasten-Forschungsnetzwerk CLARINET wie folgt definiert werden:

> *„Brachflächen sind Flächen, die aufgegeben wurden oder ungenutzt sind über einen Zeitraum von mindestens drei Jahren, die tatsächliche Altlastenprobleme haben oder unter Altlastenverdacht stehen, die hauptsächlich in entwickelten urbanen Gebieten liegen und die einer Flächensanierung bedürfen, um sie wieder einer nutzbringenden Folgenutzung zuzuführen."*

Im Zuge der gegenwärtigen Publikation, die darauf abzielt, das Instrument des Brachflächenrecyclings mit dem Schwerpunkt der Altlasten als einen Ansatz darzustellen, um die Neuflächeninanspruchnahme zu reduzieren und nicht (mehr) genutzte Flächen einer Folgenutzung zuzuführen, erscheint diese Definition des Begriff „Brachfläche" als sinnvoll.

Aufgrund der unterschiedlichen Definitionsansätze gibt es nur ungenaue quantitative Aussagen zum Brachflächenbestand in Deutschland (BBR, 2006, S. 21f.).

3.2 Ursachen der Entstehung von Brachflächen

Nachdem nun der Begriff der Brachfläche definiert wurde, sollen nun die Gründe für die Entstehung dieser Flächen erläutert werden. Die Ursachen der Entstehung von Brachflächen können vielfältig sein. Im Folgenden wird vor dem Hintergrund ihrer Entstehungsgeschichte zwischen Industrie- und Gewerbe-, Militär- sowie Verkehrs- und Infrastrukturbrachen unterschieden. In der Literatur finden sich auch andere Differenzierungen, die jedoch in Hinblick auf die Thematik dieser Publikation nicht zweckdienlich erscheinen.

Industrie- und Gewerbebrachen

In Folge wirtschaftlicher und struktureller Umbrüche entstehen besonders in den Innenbereichen der Kommunen vermehrt verlassene Industrie- und Gewerbebrachen. Die wesentlichen Ursachen sind die Technologienentwicklung, die Internationalisierung sowie die Produktanforderung und Verkürzung der Produktionszyklen (IBoMa & AKOPLAN, 2002, S.8). Die auf diesen Flächen orts- und landschaftsprägenden Anlagen mit monofunktionalen Charakter werden heute nicht mehr benötigt (BBR, 2006, S. 17).

Dies führt zu tiefgreifenden Umbrüchen der Wirtschaft, die sich auf die Flächennutzung in Deutschland auswirken bzw. bereits ausgewirkt haben. Vor allem Produktionszweige, die nicht technologieintensiv sind, sind dem Druck des internationalen Wettbewerbs ausgesetzt und immer öfter von Auslagerungen und Schließungen betroffen. Auch die Strukturverschiebung durch die Erweiterung des Dienstleistungssektors bei gleichzeitigem Rückgang des industriellen Sektors fördert die Entstehung von industriellen und gewerblichen Brachen. Des Weiteren stellen der Mangel an Erweiterungsmöglichkeiten vor allem in Gebieten mit heterogenen Nutzungen wie Wohnen und Gewerbe oder Umweltauflagen Gründe da, die Unternehmen zur Schließung oder Verlagerung ihrer Produktionsstätte veranlassen, sodass diese Flächen „brach" liegen. Industrie- und Gewerbebrachen entstehen vor allem in den Regionen, die von beschäftigungsintensiven, traditionellen Industriesektoren geprägt waren. Dieser Brachflächentyp kommt vor allem in NRW vor dem Hintergrund der früher monostrukturierten Montanregion des Ruhrgebiets vor (IBoMa & AKOPLAN, 2002, S. 8f.). Die Betriebsstandorte Montanindustrie benötigten in der Vergangenheit sehr große Flächen und galt zu diesem Zeitpunkt als „Motor der Entwicklung“ des Ruhrgebiets. Für diese großen Flächen fand sich jedoch kurzfristig keine befriedigende Folgenutzung, auch vor dem Hintergrund bestehenden Altlasten erwies sich dies als schwierig (vgl. Interview mit Herrn Pentos (Stadt Gelsenkirchen), Anlage 1). Der Beschluss zum Ausstieg aus der Steinkohle und die Schließung der letzten beiden Zechen (Prosper Haniel und Ibbenbüren) Ende 2018 sowie die damit verbundene langwierige, komplexe Abstimmungs- und Planungsphase, um die Flächen einer neuen Nutzung zuzuführen, sind ein Grund für die Entstehung gegenwärtiger brachliegender Industrie- und Gewerbeflächen (vgl. Interview mit Herrn Kopke (RAG Montan Immobilien GmbH), Anlage 1).

Militärbrachen

Ende der 80er Jahre erfolgte in Deutschland eine starke Reduzierung stationierter Streitkräfte, die mit einem verminderten Bedarf an benötigten Flächen einherging. Insgesamt wurden über 100 Standorte in ganz Deutschland geschlossen (IBoMa & AKOPLAN, 2002, S. 9f.). Insbesondere in den neuen Bundesländern sind der Abzug und die Reduzierung der Streitkräfte ein wesentlicher Faktor für die Entstehung von Brachflächen. Die Flächen sind z. T. bis heute nicht öffentlich zugänglich, sie gehören jedoch nicht zu der Kategorie von Flächen, die noch erheblich ansteigen wird (BBR, 2006, S. 20).

Verkehrs- und Infrastrukturbrachen

Ein wesentlicher Grund für die Entstehung von Infrastrukturbrachen ist die Privatisierung und Umstrukturierung der Bahn. Im Rahmen der „Bahnreform“ wurden die Voraussetzungen für eine marktorientierte Liegenschaftspolitik gelegt, die wiederrum zu erheblichen Rationalisierungs- und Konzentrationsmaßnahmen führte. Es wurden viele Flächen, die nicht als betriebsnotwendig eingestuft wurden, dem

Bundeseisenbahnvermögen (BEV) als „eine Gegenleistung für die Entschuldung der Bahn durch den Bund beim Eintritt in die Privatisierung übertragen" (IBoMa & AKOPLAN, 2002, S. 10). Mit Inkrafttreten der Bahnreform am 1.1.1994 wurde aus der vormals Staatsbehörde die Aktiengesellschaft Deutsche Bahn AG (DB AG), die ihr Verhalten im Umgang mit Eigentum fundamental ändern musste, da der Druck auf die Bahn, ein ausgeglichenes Unternehmensergebnis zu erzielen, enorm gestiegen ist (Bernhardt, 1999, S. 10f.).

Des Weiteren sind auch durch die Umstrukturierung der Post und der Deutschen Telekom viele Brachflächen entstanden und entstehen heute noch. Die ebenfalls nicht mehr benötigten Flächen erreichen zwar nicht den Umfang der Brachflächen der Deutschen Bahn aber bieten dennoch aufgrund ihrer stadträumlichen Lage weitreichende Entwicklungschancen für Kommunen (IBoMa & AKOPLAN; 2002, S. 11). Die nachfolgende Tabelle 3 fasst die Ursachen der Entstehung der jeweiligen Brachflächentypen zusammen.

Tabelle 3: Brachflächen und ihre Entstehung (eigene Darstellung)

Industrie- und Gewerbebrachen	• Erweiterung des Dienstleistungssektors bei gleichzeitigem Rückgang des industriellen Sektors • Schließung oder Verlagerung von Produktionsstätten • Globalisierung • Neue Technologien
Militärbrachen	• Reduzierung von Streitkräften • Schließung von Standorten
Infrastruktur- und Verkehrsbrachen	• Privatisierung staatlicher Unternehmen • veränderte Unternehmenspolitik

3.3 Besondere Probleme von Brachflächen

Abhängig von der Ursache der Entstehung von Brachflächen ergeben sich unterschiedlichste Ausgangsbedingungen in Hinblick auf die Infrastruktur, Größe, Bebauung, Belastung des Bodens und des Grundwassers, Umgebung und rechtliche Gegebenheiten (IBoMa & AKOPLAN, 2002, S. 12). In Tabelle 4 erfolgt ein kurzer Überblick über die jeweiligen Standortbedingungen der einzelnen Brachflächen in Bezug auf ihre Vornutzungen.

Tabelle 4: Standortbedingungen auf Brachflächen vor dem Hintergrund ihrer Vornutzung (vgl. BfN, 2012, S.21; eigene Darstellung).

Vornutzung	Standortbedingungen
Industrie- und Gewerbebrache	Industriebrachen: häufig Wechsel zwischen (ehemals) versiegelten und unversiegelten Flächen Gewerbebrachen: häufig (ehemals) stark versiegelt versiegelte Flächen: in der Regel sehr heterogen geschichtet, zum Teil kalkreich und skelettreich durch Beimischung von Bauschutt, nährstoffarm Produktions- und Lagerflächen: stark anthropogen veränderte und verdichtete Böden, häufig Schadstoffbelastung durch Altlasten, teilweise Extremstandorte wie Salzstellen, Schlacken oder Schwermetallhalden (z. B. hoher pH-Wert, Nährstoffmangel, große Trockenheit)

Militärbrachen	ehemals versiegelte Flächen: siehe Industrie- und Gewerbebrachen ehemals gärtnerisch genutzte Flächen von Kasernengeländen: vermutlich ähnlich wie Abstandsgrün der Mehrfamilienhaussiedlungen
Verkehrs- und Infrastrukturbrachen	Bahnbrachen: trocken, warm, stark mit Kies und Schotter durchsetzt, geringer Feinerdanteil, Herbizidrückstände

Charakteristisch für fast alle Brachflächen ist jedoch, dass eine Wiedernutzung ohne Intervention öffentlicher oder privater Akteure erschwert bis fast unmöglich ist. Der Handlungsbedarf hat je nach Brachflächentyp unterschiedliche Ausprägungen (BBR, 2006, S. 23).

Aufgrund der Vornutzungen und den Standortbedingungen des jeweiligen Brachflächentyps ergeben sich spezifische Herausforderungen in Hinblick auf die Verwendbarkeit. So wird innenstadtnahen, bebaubaren Flächen eine gute Verwendbarkeit mit geringem Handlungsbedarf prognostiziert, wohingegen zuvor altindustriell genutzte Flächen als „Problemflächen" gelten. Verstärkt wird dieses Image durch geringen Nutzungsdruck sowie nicht rentierliche Kosten der Aufbereitung bzw. Sanierung dieser Flächen (IBoMa & AKOPLAN, 2002, S. 15).

Brachflächen stehen zudem auch zahlenreichen Restriktionen und Risiken gegenüber. Denn während im Außenbereich der Kommunen die Flächenbereitstellung gut kalkulierbar ist, ist die Nutzung von Brachflächen, die meist in den Innenbereichen der Kommunen liegen, durch Probleme mit Altlasten, die in Abhängigkeit mit den Vornutzungen zu erwarten sind, und die Beseitigung von Gebäuden und Fundamenten gekennzeichnet. Um Bodenkontaminationen aufzuschließen, sind zahlreiche Voruntersuchungen des Bodens durchzuführen. Diese Problematik besteht vor allem bei aufgegebenen Militärflächen oder Gewerbe- und Industriebrachen wie z. B. Kokereien

(IBoMa & AKOPLAN, S. 47). Die Herausforderungen des Vorhandenseins einer Altlast und deren Bewältigung werden im nächsten Kapitel (Kap. 4.4) genauer betrachtet. Brachflächen sind zudem häufig nutzungseinschränkten Auflagen des Denkmalschutzes bestehender Gebäude oder des Naturschutzes unterworfen. Ein weiteres Problem stellt auch das negative Image der „Brachflächen" in der Gesellschaft dar, sodass sich die Vermarktung dieser Flächen als schwierig gestaltet. Aufgrund von kontraproduktiven Förderstrukturen in der Bundesrepublik Deutschland besteht die Gefahr, dass Neuerschließungen auf der „grünen Wiese" der (Wieder-)Nutzung von Brachflächen vorgezogen wird (UBA, 2005, S. 7).

Kapitel 4 – Lösungsansatz: Brachflächenrecycling

Der Verbrauch für Siedlungs- und Verkehrsflächen soll bis zum Jahr 2030 gemäß der Nachhaltigkeitsstrategie 2016 des Bundes auf unter 30 Hektar pro Tag reduziert werden (Die Bundesregierung, 2016, S. 159). Um dies zu erreichen, stellt das Flächenrecycling ein wesentliches Handlungsinstrument der Kommunen dar, um die Innenentwicklung in städtischen Bereichen zu verstärken und attraktiv zu gestaltet (UBA, 2017, o. S.). Es soll ein Verhältnis der Innenentwicklung und Außenentwicklung von 3:1 erreicht werden. Um diese Maßgabe zu erreichen, „erscheint die Fortsetzung und Verstärkung einer Politik der Innenentwicklung von Städten und der Wiedernutzung von Brachen“ als Erfolg versprechendes Instrument (BBR, 2006, S. 11). Um weniger Flächen im Außenbereich einer Kommune für Verkehrs- und Siedlungsfläche in Anspruch zu nehmen und dennoch die Entwicklung einer Kommune zu fördern, wird das Konzept des Flächenrecyclings angewendet. Die Flächeninanspruchnahme soll damit auf bereits erschlossene und in das Stadtbild integrierte Flächen gelenkt werden. Der Nationalen Nachhaltigkeitsstrategie entsprechend wird durch das Flächenrecycling die vorhandene Freifläche geschützt, da die Entwicklung nicht auf der „Grünen Wiese“, sondern auf bereits erschlossenen, nicht mehr genutzten Flächen stattfindet (Weitkamp, 2009, S. 26). Die Revitalisierung von Flächen in Form des Flächenrecycling steht damit im Einklang mit einer nachhaltigen Stadtentwicklung.

Kommunen sind zudem rechtlich verpflichtet, „zur Verringerung der zusätzlichen Inanspruchnahme von Flächen für bauliche Nutzungen die Möglichkeiten der Entwicklung der Gemeinde insbesondere durch Wiedernutzbarmachung von Flächen, Nachverdichtung und andere Maßnahmen der Innenentwicklung zu nutzen" (§ 1a Abs. 2 S.2 BauGB). Dazu müssen insbesondere die Möglichkeiten der Nutzung von Brachflächen zugrunde gelegt werden (§ 1a Abs. 2 S. 4 BauGB). Diese Bodenschutzklausel ist für einen sparsamen und schonenden Umgang mit Grund und Boden im Sinne der Nachhaltigkeitsstrategie fundamental (Jörissen & Coenen, 2007, S. 104). Auch § 1 des BBodSchG aus dem Jahr 1998 fordert die Wiederherstellung und nachhaltige Sicherung der Bodenfunktionen sowie die Abwehr schädlicher Bodenveränderungen und Sanierung bereits eingetretener Schadstoffbelastungen inklusive Gewässerverunreinigungen. Der im BBodSchG festgelegte Bodenschutzanspruch geht damit weit über den in der Bodenschutzklausel des BauGB (§ 1a BauGB) und den in den Grundsätzen der Raumordnung nach dem ROG (§ 2 Abs. 2 Nr. 8 ROG) verankerten sparsamen und schonenden Umgang mit Grund und Boden deutlich hinaus. Das ROG nimmt Bezug auf die räumliche Zusammenarbeit der Europäischen Union. Auch hier wird gefordert: „Die erstmalige Inanspruchnahme von Freiflächen für Siedlungs- und Verkehrszwecke ist zu verringern, insbesondere durch quantifizierte Vorgaben zur Verringerung der Flächeninanspruchnahme sowie durch die vorrangige Ausschöpfung der Potenziale für die Wiedernutzbarmachung von Flächen [...]" (§ 2 Abs. 2 Nr. 6 ROG).

4.1 Definition und Erläuterung

Flächenrecycling lässt sich allgemein als Wiedernutzbarmachung einer Fläche definieren (UBA, 2005, S. 5). Es ist die „nutzungsbezogene Wiedereingliederung solcher Grundstücke in den Wirtschafts- und Naturkreislauf, die ihre bisherige Funktion und Nutzung verloren haben – wie stillgelegte Industrie- oder Gewerbebetriebe, Militärliegenschaften, Verkehrsflächen u. ä. – mittels planerischer, umwelttechnischer und wirtschaftspolitischer Maßnahmen“ (KBU, 2009, S. 6).

In Hinblick auf das Brachflächenrecycling wird speziell die Revitalisierung der Brachflächen betrachtet, auf Ausführungen in Bezug auf das Recycling von anderen Flächen wird in dieser Publikation nicht eingegangen. In dieser Publikation wird ausschließlich die Revitalisierung von Industrie- und Gewerbebrachen betrachtet. Aus bodenschutzrechtlicher Sicht der Behörde ordnet sich im Vordergrund des Brachflächenrecyclings die Wiedernutzbarmachung von zuvor industriell genutzten Flächen, die aus divergenten Gründen brach liegen können, als zentraler Handlungsmaßstab, ein. Häufig ist dieser Prozess jedoch mit einer Altlastenproblematik zusätzlich verwickelt. Ziel, auf die alle Maßnahmen des Brachflächenrecyclings abzielen, sollte immer das Entwickeln einer nachhaltigen Folgenutzung, unter dieser eine dauerhafte, sinnvolle und unter Einbeziehung in die bestehende Umgebung verstanden wird, sein (vgl. Interview mit Herrn Pentos (Stadt Gelsenkirchen), Anlage 1). Das Bestreben in Bezug auf das Brachflächenrecycling des ehemaligen Bergbaubetreiber RAG AG ist wiederum hauptsächlich die Wiedernutzbarmachung ehemaliger RAG Betriebsflächen wie z. B. Kokereien oder Schachtanlagen, die dem Bergrecht unterliegen und demnach gemäß dem Bundesberggesetz im Rahmen des Abschlussbetriebsplanverfahrens (ABP) in einen gefahrlosen Zustand überführt werden müssen, infolgedessen häufig umfangreiche Sanierungs- und Sicherungsmaßnahmen notwendig sind (vgl. Interview mit Herrn Kopke (RAG Montan Immobilien AG), Anlage 1).

Das Recyceln von Brachflächen ist für Kommunen insbesondere von großer Bedeutung, da es alle drei Faktoren der Nachhaltigkeit verbindet: Ökologisch wird die Neuflächeninanspruchnahme vermieden, ökonomisch wird die Infrastruktur verbessert und die Kommune für Investoren attraktiver, sozialer zur Stärkung des Arbeitsmarktes und der Identifikation der Bürgerinnen und Bürger mit ihrer Stadt (Weitkamp, 2009, S. 28).

4.2 Akteure eines Flächenrecyclingprozesses

Zur erfolgreichen Revitalisierung von Brachflächen bedarf es verschiedenster Akteure, um die Fläche einer Folgenutzung zuzuführen. Ein fundamentaler Gesichtspunk „ist die Integration diverser Beteiligter in den Prozess der Entwicklung. Je nach Projekt treten die Akteure in unterschiedlicher Kombination auf, die verschiedene Interessen an dem Projekt verfolgen" (Weitkamp, 2009, S. 85). Die beteiligten Akteursgruppen und deren Interessen sind folglich stark heterogen. Im Folgenden werden die unterschiedlichen Akteure mit ihren Interessen beschrieben. Hierbei wurde in die Beteiligten „Behörden", „Politik", „Eigentümer" und „Nutzer" unterschieden, da damit der Schwerpunkt dieser Publikation erfasst wird.

Behörden

Die öffentliche Hand bzw. die Behörden können bei der Umsetzung eines Flächenrecyclingprojektes unterschiedliche Rollen einnehmen. Zu einem kann ihr die Rolle des Vermittlers zukommen, indem sie Revitalisierungsprojekte initiiert und die Interessen zwischen Grundstückseigentümern und Investoren kommuniziert (BBR, 2006, S. 248f.).

Anders stellt sich die Situation unter hoheitlichen Gesichtspunkten dar. Dem Bund und den Ländern kommt als Gebietskörperschaften unterschiedliche Gesetzgebungskompetenzen zu, die Kommunen haben die Planungshoheit inne (Artikel 28 Absatz 2 GG). Bei der Umsetzung ihrer Planungshoheit sind die Kommunen an die rahmengebende Gesetzgebung des Bundes und der Länder gebunden. Bei einer Betrachtung der am Flächenrecycling beteiligten Akteure, muss allerdings angemerkt werden, dass nur in Ausnahmefällen sowohl Bund als auch Länder vor Ort eingebunden sind. Die Nutzungsinteressen der Kommune orientieren sind häufig an einer nachhaltigen Stadtentwicklung. Demnach sollen brachliegende Flächen schnellstmöglich einer neuen Nutzung zugeführt werden. Welche Nutzung schlussendlich angestrebt wird, hängt im Wesentlichen von den politischen und gemeinwohlorientierten Zielsetzungen ab. Kommunen sind ein „komplexes politisches System", welches eine Schnittstellenfunktion im Flächenrecyclingprozess einnehmen (Munzinger, 2014, S. 26f.).

Politik

Die Politik hat einen erheblichen Einfluss auf Kommunalverwaltungen. Da die Staatform in Deutschland – wie in Artikel 20 GG festgehalten – eine repräsentative Demokratie ist, werden die Interessen der Bürgerinnen und Bürger durch die gewählten Vertreter unmittelbar zum Ausdruck gebracht. Die politischen Entscheidungsträger, vertreten in Räten, Parlamenten und Ausschüssen, haben einen „direkten Einfluss auf die Ausgestaltung des Bürgerwillens als auch auf das Verwaltungshandeln" (Munzinger, 2014, S. 29f.).

Eigentümer

Das Spektrum der Akteursgruppe „Eigentümer" erstreckt sich über weite Bereiche natürlicher und juristischer Personen. Es reicht von einer privaten Einzelperson mit kleinem Flächeneigentum, über klein-, mittelständische und Großunternehmen sowie bis zur Öffentlichen Hand. Das jeweilige Interesse am Flächenrecycling und die spezifischen Rahmenbedingungen variieren bei diesen Akteuren stark. Vor allem bei privaten Grundstückseigentümern gestalten sich „[...] unkonkrete und unrealistische Vorstellungen über die Folgenutzung, geringe Kenntnis über den (kritischen) Bauzustand und die Risiken durch Altlasten [...] als Herausforderung. Kommunen unterstützen Privateigentümer bei notwendigen planerischen, genehmigungstechnischen und finanziellen Belangen mittels städtebaulicher Sanierungsmaßnahmen sowie im Rahmen der Bauleitplanung“ (BBR, 2006, S. 13f.).

Nutzer

Je nach angestrebter Folgenutzung einer Brachfläche nach erfolgreichem Flächenrecycling, sind die Zielgruppen der Nutzer und deren jeweiligen Interessen sehr unterschiedlich. Die Nutzer sind keine zentralen Akteure des Recyclingprozesses, können aber erheblichen Einfluss haben. Zu dieser Akteursgruppe kann beispielweise die „Bürgerschaft“ gezählt werden. Darunter fallen u. a. Anwohner der betroffenen Brachfläche oder aber auch Bewohner des Stadtquartiers. Des Weiteren beinhaltet diese Gruppe potenzielle Mieter bzw. Käufer der revitalisierten Fläche, denen unterstellt werden kann, dass sie das Ziel „qualitativ hochwertigen aber zugleich preisgünstigen Wohn- und Gewerberaum“ zu erwerben, verfolgen. Insgesamt stellt sich diese Akteursgruppe als stark heterogene Akteursgruppe mit unterschiedlichen Interessen, Wünschen und Zielen dar (Munzinger, 2014, S. 32ff).

4.3 Instrumente und Strategien des Brachflächenrecyclings

Unter den gegebenen Voraussetzungen erscheint es besonders schwierig, die vom Bund ausgegebene Vorgabe, den Flächenverbrauch zu reduzieren, einzuhalten. Viele Kommunen sind bereits um die Reaktivierung von Brachflächen engagiert, da sich dies als stadtentwicklungspolitische Aufgabe darstellt und entwickeln gesamtstädtische Strategien zum Umgang mit Brachen. Oft ist die Kombination mehrerer Instrumente und Strategien sinnvoll, um ein nachhaltiges Brachflächenrecycling für alle beteiligten Akteure bestmöglich umzusetzen. Eine eindeutige Trennung der Instrumente und Strategien ist vor dem Hintergrund der fachübergreifenden Querschnittsaufgabe Flächenrecycling nicht möglich. Sowohl die Kombination als auch Eingriffsintensität der unterschiedlichen Instrumente sollte so organisiert sein, „dass insgesamt eine gerechte Nutzen- und Lastenverteilung entsteht sowie negative wirtschaftliche und soziale Auswirkungen möglichst vermieden werden“ (Jörissen & Coenen, 2007, S. 257).

4.3.1 Finanzielle (Förder-)Instrumente

Die heutige Situation wird häufig durch knappe finanzielle Mittel sowie dem Anspruch nach hoher Wirtschaftlichkeit gekennzeichnet. Aufgrund dessen können vor allem finanzielle Instrumente das Flächenrecycling beeinflussen. Die Anstrengungen der Kommunen hinsichtlich des Flächenrecyclings werden durch Förderprogramme, die direkt oder indirekt das Brachflächenrecycling voranbringen sollen, unterstützt. Die Europäische Union, der Bund sowie die Länder stellen einige Förderprogramme zur Verfügung, die das Ziel „Innenentwicklung vor Außenentwicklung“ verfolgen. Gefördert werden vor allem Altlastenerkundung und Sanierung, städtische Planung sowie Vermarktungs- und Nutzungskonzepte. Es stehen insbesondere Mittel im Rahmen der Städtebauförderung zur Verfügung, aber auch indirekte finanzielle Instrumente in Form von Steuervergünstigungen, z. B. für Denkmäler fördern das Flächenrecycling.

Im Rahmen der Städtebauförderung werden vom Bund Finanzhilfen zur Verfügung gestellt die zum Ziel haben, „die Stärkung von Innenstädten und Ortsteilzentren, die Wiedernutzung von Brachflächen unter Berücksichtigung kosten- und flächensparender Bauweisen sowie die Behebung von sozialen Missständen" (Jörissen & Coenen, 2007, S. 232). Die Städtebauförderung bestätigt sich damit „als wichtiges Instrument zur Pflege der vorhandenen Bausubstanzen, zur Sanierung und Umnutzung städtischer Brachen, zur Umsetzung einer funktionalen Nutzungsmischung und zur Revitalisierung der Kernstädte" (Jörissen & Coenen, 2007, S. 236).

Ergänzend zu der Städtebauförderung wurde im Jahr 1999 das Programm „Soziale Stadt" entwickelt, um der Verschärfung der sozialräumlichen Trennung der Gesellschaft entgegenzuwirken. Es werden Maßnahmen zur Stabilisierung und Aufwertung von durch soziale Missstände benachteiligten Ortsteilen oder anderen Teilen des Gemeindegebiets, in denen ein besonderer Entwicklungsbedarf besteht, getroffen. Nach dem Baugesetzbuch liegen soziale Missstände dann vor, wenn ein Gebiet auf Grund der Zusammensetzung und wirtschaftlichen Situation der darin lebenden und arbeitenden Menschen erheblich benachteiligt ist (§ 171e Abs. 2 BauGB). Die Zielsetzung dieses Programmes geht weit über die klassische Städtebauförderung hinaus, indem es auch die Sozialstruktur oder das Ausbildungsniveau berücksichtigt (Jörissen & Coenen, 2007, S. 233f).

Vor allem das Recyceln von altlastverdächtigen Flächen bzw. Altlasten ist oft mit hohen Kosten verbunden. Allerdings warnte schon der Senator Dr. Fritz Vahrenholt in seinem Eröffnungsreferat „Alte

Lasten – neue Lösungen" beim 5. Workshop Bodenrecycling in Hamburg im Jahr 1995:

> *„Bescheidenheit nicht dort, wo es um den berechtigten Anspruch der Menschen geht, vor akuten Gefahren und langfristigen Bedrohungen geschützt zu werden; wohl aber in Bezug auf die Erwartung, es ließen sich alle Narben spurlos beseitigen, die die Industriegeschichte hinterlassen hat. Das ist nicht einmal technisch zu bewerkstelligen – und schon gar nicht finanziell" (NORDAC, 1996, S. 2).*

Das bekannteste Finanzierungsmodell für Altlasten ist – auch nach Gesetzeslage – die Kostentragung durch den Verursacher. Demnach ist Kostenträger der Verursacher oder der Eigentümer als Zustandsstörer. Wenn das Verursacherprinzip nicht greift, kommt das Gemeinlastprinzip zum Tragen. Kostenträger ist dabei die Öffentliche Hand, die die Finanzierung auf öffentlichen Haushalten (Steuern) bestreitet. In Nordrhein-Westfalen wurde im Jahr 1988 die Körperschaft des öffentlichen Rechts „Verband für Flächenrecycling und Altlastensanierung (AAV)" per Gesetz gegründet. Dem Verband gehören verpflichtend das Land NRW sowie die Kommunen an. Daneben haben sich private Unternehmen dem Verband angeschlossen. Die Übernahme sowie Aufgabenverteilung und Projektabwicklung eines Altlastensanierungsprojekts – bei der der Verursacher nicht in Anspruch genommen werden kann - wird durch einen öffentlich-rechtlichen Vertrag zwischen dem AAV und der Kommune geregelt (NORDAC, 1996, S. 62ff.).

4.3.2 Rechtliche und planerische Instrumente

Zur Steuerung der Flächeninanspruchnahme steht vor allem den Kommunen bereits ein umfängliches rechtliches und planerisches

Instrumentarium zur Verfügung, dass durch die Novellierungen des Baugesetzbuches (BauGB) und Raumordnungsgesetzes (ROG) signifikant verstärkt wurde.

Durch die Verankerung des Nachhaltigkeitsprinzips in der Aufgabenbestimmung des BauGB kann die Bauleitplanung einen Beitrag dazu leisten, dass Brachflächenrecycling zu fördern. In § 1 Abs. 5 BauGB ist festgelegt:

> *„Die Bauleitpläne sollen eine nachhaltige städtebauliche Entwicklung, die die [...] umweltschützenden Anforderungen auch in Verantwortung gegenüber künftigen Generationen miteinander in Einklang bringt, und eine dem Wohl der Allgemeinheit dienende sozialgerechte Bodennutzung [...] gewährleisten. Sie sollen dazu beitragen, eine menschenwürdige Umwelt zu sichern, die natürlichen Lebensgrundlagen zu schützen und zu entwickeln [...].Hierzu soll die städtebauliche Entwicklung vorrangig durch Maßnahmen der Innenentwicklung erfolgen."*

Diese Formulierung hat zum Ziel, einen sparsamen Umgang mit der Ressource Boden verbunden mit dem Ziel die Innenentwicklung zu fördern. Im Rahmen der Novellierung des BauGB wurden zudem die Darstellungs- und Festsetzungsmöglichkeiten in Bauleitplänen erweitert. Die Kommunen werden demnach ermächtigt, in Bebauungsplänen „Flächen oder Maßnahmen zum Schutz, zur Pflege und zu Entwicklung von Boden [...]" festzusetzen (§ 9 Abs. 1 Nr. 20 BauGB). Auch im Flächennutzungsplan ist die Möglichkeit ausdrücklich vorgesehen (§ 5 Abs. 2 Nr. 10 BauGB). In den Ausführungen zu städtebaulichen Maßnahmen im BauGB wurde ebenfalls bestimmt, dass diese neben anderen Zielsetzungen auch für die Wiedernutzung brachliegender Flächen eingesetzt werden können (§ 165 Abs. 3 Nr. 2 BauGB). Die Novelle des BauGB der vergangenen Jahre hat den Kommunen damit neue Planungsinstrumente ermöglicht, die das Brachflächenrecycling fördern. Private Unternehmen können durch einen sogenannten städtebaulichen Vertrag städtebauliche Maßnahmen durchführen, zu denen unter anderem auch eine Sanierung des Bodens zählt, und einen Teil der anfallenden Kosten erstattet bekommen. Im Gegenzug übernimmt die Kommune z. B. die Flächenumlegung. Vorteilhaft ist für die Kommunen, dass die in der Bauleitplanung verfolgten Ziele durch den Vertrag gewährleistet sind und somit „kurzfristig planungsrechtliche Voraussetzungen für eine Baureifmachung" geschaffen werden können. Im Rahmen eines Projektes des Brachflächenrecyclings kann es für alle Beteiligten sinnvoll sein, den städtebaulichen Vertrag mit einem vorhabenbezogenen Bebauungsplan zu verbinden. Auch der Erwerb einer Fläche im Rahmen einer städtebaulichen Entwicklungs- oder Sanierungsmaßnahme, um durch die Erstellung eines Bebauungsplan die Baureifmachung zu gewährleisten und diese Fläche anschließend wieder an die vorherigen Eigentümer zu verkaufen, stellen ein Instrument dar (UBA, 2005, S. 33).

Das Rückbau- und Entsiegelungsgebot (§ 179 BauGB) bietet Kommunen ebenfalls die Möglichkeit, den Eigentümer zu verpflichten, die Beseitigung einer baulichen Anlage zu dulden, wenn dies im Sinne einer Wiedernutzbarmachung von dauerhaft nicht mehr genutzten Flächen, bei denen der durch Bebauung oder Versiegelung beeinträchtigte Boden in seiner Leistungsfähigkeit erhalten oder wiederhergestellt werden soll, ist. Damit wird jedoch keine aktive Handlungspflicht des Eigentümers begründet, sondern der Eigentümer muss die Maßnahmen lediglich dulden (Jörissen & Coenen, 2007, S. 95ff.).

Speziell in Hinblick auf Altlasten stellt der Sanierungsplan auch ein kooperatives Instrument des Flächenrecyclings dar, das in Kapitel 4.4 näher beleuchtet wird. Daneben sind das BBodSchG sowie die BBodSchV die wichtigsten Instrumente des Bodenschutzes in Hinblick auf den Umgang mit Altlasten und deren Sanierung.

Zunächst ist es jedoch eine der wichtigsten Aufgaben von Kommunen, sich einen Überblick über die Brachflächen und deren „Status" in ihrem Stadtgebiet zu verschaffen. Denn aufgrund der nicht einheitlichen Definition ist es schwer, den genauen Bestand an brachliegenden Flächen zu bestimmen. Um dennoch eine annähernde Erkenntnis in Hinblick auf das Flächenpotenzials von Brachflächen zu erlangen, werden immer häufiger von Kommunen spezielle „Brachflächenkataster" erstellt (UBA, 2005, S. 10ff). In § 200 Abs. 3 BauGB wurden Kommunen bereits zur Erstellung von Baulandkatastern ermächtigt. Dort enthalten sind Informationen über sofort oder in absehbarer Zeit bebaubare Flächen mit Flur- und Flurstücknummer, Straßenname und Angaben zur Grundstücksgröße.

Neben dem Baugesetzbuch enthält auch das Raumordnungsgesetz gesetzliche Regelungen zum Umgang mit Flächen. Leitvorstellung des Raumordnungsgesetzes (ROG) ist „eine nachhaltige Raumentwicklung, die die sozialen und wirtschaftlichen Ansprüche an den Raum mit seinen ökologischen Funktionen in Einklang bringt und zu einer dauerhaften, großräumig ausgewogenen Ordnung mit gleichwertigen Lebensverhältnissen in den Teilräumen führt" (§ 1 Abs. 2 Satz 1 ROG). Die Kommunen müssen die Bauleitpläne an den Zielen des Raumordnungsgesetzes anpassen (§ 1 Abs. 4 BauGB). Aufgrund dessen haben der Schutz des Bodens und des Freiraums im Rahmen der Bauleitplanung erst bindende Wirkung, wenn diese als Ziele der Raumordnung gesetzlich festgelegt sind (Jörisson & Coenen, 2007, S. 93f.). Nach § 2 Absatz 2 Nr. 6 ist „die erstmalige Inanspruchnahme von Freiflächen für Siedlungs- und Verkehrszwecke [...] zu verringern, insbesondere durch quantifizierte Vorgaben zur Verringerung der Flächeninanspruchnahme sowie durch die vorrangige Ausschöpfung der Potenziale für die Wiedernutzbarmachung von Flächen".

4.3.3 Informatorische Instrumente

Vor dem Hintergrund, dass fehlendes oder geringes Problembewusstsein der Gesellschaft und Unsicherheiten im Umgang mit Altlasten eine Herausforderung für die Umsetzung des Brachflächenrecycling darstellen, sind schließlich auch Beratungs- und Informationsangebote für Eigentümer und potenzielle Käufer von Grundstücken und Immobilien im Sinne einer nachhaltigen Flächennutzung zielführend. Der Abbau von Informationsdefiziten in der Bevölkerung aber auch bei staatlichen und gesellschaftlichen Akteuren ist unerlässlich, da sie „die Verantwortung für die hohe zusätzliche Flächeninanspruchnahme tragen“ (Jörisson & Coenen, 2007, S. 167). Durch die Beratung können den Akteuren Handlungsmöglichkeiten und deren Nutzung aufgezeigt werden, insbesondere können sie über finanzielle Förderungen informiert werden (Vahlenkamp, 2009, S. 55).

Eine große Bedeutung kommt hier der Öffentlichkeitsarbeit bzw. Umweltbildung zu. Es gilt der Bevölkerung zu verdeutlichen, welche Folgen die zunehmende Flächeninanspruchnahme hat. Dafür wird gefordert, dass „bereits im Kinderalter bzw. in der schulischen Ausbildung ein Bewusstsein davon vermittelt werden *[müsse]*, dass Boden als Medium und Fläche eine knappe Ressource ist“. Denn nur in einer aufgeklärten Gesellschaft kann „sich ein stabiles Bewusstsein [...] entwickeln, auf dessen Grundlage sich ein öffentliches Interesse als Gegengewicht zu partikularen Einzelinteressen artikulieren könnte“ (Jörisson & Coenen, 2007, S. 168f.).

Neben dem Problembewusstsein der Bevölkerung, kann auch das Fachwissen wichtiger Akteure in Hinblick auf Flächeninanspruchnahme, Bodendegradierung und Flächenrecycling nicht ausreichend sein. Dies wird als „Hauptursache für das Vollzugsdefizit im Planungsrecht und die Nichtausschöpfung der planungsrechtlichen Möglichkeiten zum Flächenschutz betrachtet“. Erfolgversprechend erscheinen

Fortbildungen von Verwaltungsmitarbeiterinnen und -mitarbeitern sowie Sachverständigen aus den unterschiedlichen Fachbereichen (Jörisson & Coenen, 2007, S. 169).

Weitere Aktivitäten, die das Recyceln von Brachflächen fördern, sind unter anderem (UBA, 2005, S. 10):

- Imagekampagnen, die für das Bauen in der Stadt anstatt auf der „grünen Wiese“ werben,
- Regionale Kooperationen bei der Nutzung von Flächen durch die für Investoren eine größere Investitionssicherheit geschaffen werden soll,
- Modellprojekte, die die unterschiedliche Folgenutzungen einer Brachfläche testen, um später Investoren zu gewinnen,
- Arbeitshilfen, die die Umsetzung des Brachflächenrecyclings erleichtern.

Schlussendlich sind informatorische Instrumente sowohl im Hinblick auf das Problembewusstsein in der Bevölkerung generell aber auch für die Aufklärung der am Recyclingprozess beteiligten Akteure notwendig und können über Angebote der Umweltbildung erweitert werden. Sie ergänzen (planungs-)rechtliche und ökonomische Instrumente.

4.3.4 Strategien und Handlungsfelder

Die Handlungsstrategien des Flächenrecyclings lassen sich in Haupt- und Nebenstrategien aufteilen. Ziel aller Maßnahmen ist die In-Wertsetzung der brachliegenden Fläche. Zu den Hauptstrategien gehören Aktivierung, Konservierung und Renaturierung.

Die Strategien orientieren sich grundsätzlich an den Vorstellungen des jeweiligen Akteurs. Für welche Strategien sich schlussendlich entschieden wird, hängt im Wesentlichen von den Rahmenbedingungen ab. So sind beispielweise Aktivierungsstrategien vor allem in Regionen sinnvoll, die Entwicklungsimpulse und Wachstumstendenzen aufweisen wohingegen sich in Regionen, wo die Flächennachfrage aufgrund von Bevölkerungsrückgang gering ist, die Renaturierung dieser Flächen durchsetzt (BBR, 2006, S. 225).

Kommt einer Kommune in einem Recyclingprozess lediglich die Rolle des Vermittlers zwischen Grundstückseigentümer und Investoren zu oder soll durch kommunales Engagement ein Flächenrecyclingprojekt initiiert werden, eignen sich vor allem Public-Private-Partnership-Modelle (PPP-Modell), um das Flächenrecycling weiterzubringen (BBR, 2006, S. 249). Die Kooperation zwischen privaten Investoren und öffentlichen Einrichtungen bieten für beide Seiten die Möglichkeit, Flächenrecyclingprojekte umzusetzen. Fehlende Gelder und zur Erweiterung personeller und organisatorischer Möglichkeiten bewegen Kommunen, Flächenrecycling gemeinsam mit privaten Unternehmen zu planen und finanzieren. Die Privatunternehmen profitieren jedoch auch von dieser Zusammenarbeit. Es kommt zu effizienteren Planungs- und Genehmigungsvorgängen und sie erhalten die Möglichkeit aufgrund der Kooperation, Fördermittel in Anspruch zu nehmen (UBA, 2005, S. 27).

Ein weiteres Handlungsfeld, um das Brachflächenrecycling zu fördern, ist die Aufstellung eines Start-Up-Plans Brachfläche, mit dem durch eine kurze Darstellung einer Idee zur Folgenutzung dieser Fläche mögliche Investoren gewonnen werden sollen (BBR, 2006, S. 249).

4.4 Besondere Herausforderung beim Brachflächenrecycling: Altlasten

In der Praxis zeigt sich häufig eine Diskrepanz zwischen den bestehenden innerörtlichen Potenzialen an Brachflächen sowie den damit verbundenen Chancen und deren tatsächlicher Nutzung (LABO,

2010, S. 17). Eine wesentliche Herausforderung für den Flächenrecyclingprozess stellt der Verdacht auf Altlasten aufgrund einer gewerblichen, industriellen oder militärischen Vornutzung dar (UBA, 2005, S. 5). Sie stellen eine große ökologische Belastung für die Umwelt dar, sodass ein Flächenrecycling inklusive Sanierung zur erheblichen Verbesserung des Umweltzustands beiträgt sowie die Nachnutzung dieser Standorte fördert und Investitionshemmnisse beseitigt (UBA, 2018, o. S.). Auch das BBodSchG fordert die Sanierung von Altlasten (§ 1 S. 2 BBodSchG). Jedoch ist das Recyceln dieser altlastverdächtigen Flächen bzw. Altlasten mit Herausforderungen verbunden, die im Folgenden erläutert werden soll.

Im Gegensatz zu dem Begriff der „Brachfläche“ wird der Begriff der „Altlast“ durch den Gesetzgeber definiert. Das BauGB verwendet den Altlastenbegriff nicht explizit. Lediglich die § 5 Abs. 3 Nr. 3 BauGB und § 9 Abs. 5 Nr. 3 BauGB sprechen von „Flächen, deren Böden erheblich mit umweltgefährdenden Stoffen belastet sind“. Demnach enthält das BauGB eine weitrechende Begriffsbestimmung, es umfasst allerdings keine altlastverdächtigen Flächen.

Das BBodSchG geht über die weitreichende Definition des BauGB hinaus und definiert den Begriff „Altlasten“ wie folgt: Altlasten sind stillgelegte Abfallbeseitigungsanlagen sowie sonstige Grundstücke, auf denen Abfälle behandelt, gelagert oder abgelagert worden sind (Altablagerungen) sowie Grundstücke stillgelegter Anlagen und sonstige Grundstücke, auf denen mit umweltgefährdenden Stoffen umgegangen worden ist (Altstandorte), durch die schädliche Bodenveränderungen oder sonstige Gefahren für den Einzelnen oder die Allgemeinheit hervorgerufen werden (§ 2 Abs. 5 BBodSchG). Altlastverdächtige Flächen sind im Sinne des BBodSchG Grundstücke, bei denen der Verdacht schädlicher Bodenveränderungen besteht (§ 3 IV BBodSchG), der jedoch abschließend noch durch Bodenuntersuchungen geklärt werden muss (Gefährdungsabschätzung nach § 9 Abs. 1 BBodSchG

i. V. m. § 2 Nr. 3 BBodSchV sowie § 9 Abs. 2 BBodSchG i. V. m. § 2 Nr. 4 BBodSchV).

Wie bereits erläutert, gestaltet sich die Erhebung der Brachflächen aufgrund ihrer nicht standardisierten Definition schwierig, wohingegen die Erfassung der Altlasten bereits seit einigen Jahren eine wichtige Aufgabe der Kommunen darstellt. Im Jahr 2017 wurden dem Landesamt für Natur, Umwelt und Verbraucherschutz insgesamt 96.352 Altablagerungen und Altstandorte gemeldet (s. Abb. 9). In dieser Zahl sind auch die Flächen enthalten, die als altlastverdächtig eingestuft, aber weitere Untersuchungen noch nicht durchgeführt wurden. Die zeitliche Entwicklung der erfassten Altablagerungen und Altstandorten in den Jahren 1985 bis 2017 in NRW ist in der nachfolgenden Abbildung dargestellt.

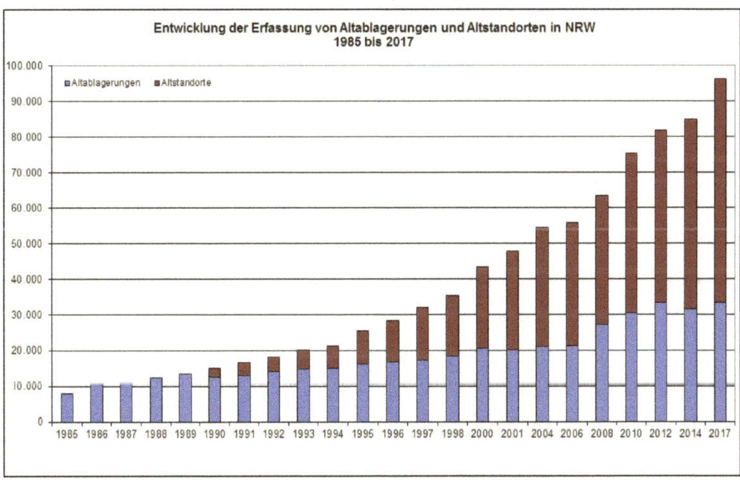

Abbildung 9: Entwicklung der Erfassung von Altablagerungen und Altstandorten in NRW von 1985 bis 2017 (LANUV, 2019, o. S.).

Anzumerken ist bei der Erfassung, dass „die Zunahme der Anzahl der Flächen in den letzten Jahren im Wesentlichen durch die gestiegene Anzahl der bekannten Altstandorte verursacht wurde“ (LANUV, 2019, o. S.).

In der nachfolgenden Tabelle ist der Stand der erfassten Flächen sowie der Stand der Bearbeitung in Form von Gefährdungsabschätzungen und Sanierungen in NRW dargestellt (s. Tab. 5).

Tabelle 5: Stand der weitergehenden Arbeiten im Altlastenbereich in NRW mit Vergleich zu den Jahren 2006, 2008, 2010, 2012, 2014 und 2017 (LANUV, 2017, o. S.).

	2006	2008	2010	2012	2014	2017
Erfasste Flächen	55.764	63.313	75.370	81.825	84.841	96.352
davon Altablagerungen	21.313	27.199	30.493	33.397	31.667	33.364
davon Altstandorte	34.451	36.114	44.877	48.428	53.174	62.988
Noch nicht zugeordnete bzw. bewertete Flächen					29.769	30.998
Altlastverdächtige Flächen					25.292	29.641
Gefährdungsabschätzungen (abgeschlossen und laufend)	14.540	17.614	17.969	22.414	24.762	26.530
Sanierungen (abgeschlossen und laufend)	5.319	6.070	6.138	6.766	7.201	7.821

Auffällig ist, dass das die Zahl der erfassten Flächen in den Jahren erheblich angestiegen ist, sodass diese Flächen für Kommunen ein immer größeres Handlungspotenzial bieten.

Die Tabelle „Bundesweite Übersicht zur Altlastenstatistik“ (s. Anl. 3) gibt noch einen weiteren Überblick über den Erfassungsstand und den Stand der Bearbeitung der altlastverdächtigen Flächen und Altlasten in gesamten Gebiet der Bundesrepublik Deutschland.

Aufgrund der zuvor beschriebenen Problematik liegen diese Flächen oft über mehrere Jahre brach (UBA, 2005, S. 5) und gelten als „Problemflächen“. Ohne Sanierung dieser Flächen besteht keine Handlungsmöglichkeit. Die Bearbeitung einer Altlast ist jedoch ein langwieriger, mehrstufiger Prozess (s. Anl. 2). Bei kontaminierten Böden liegen die Probleme besonders in der Verunreinigung des Trinkwassers (Wirkungspfad Boden – Wasser) oder in dem direkten Kontakt (Wirkungspfad Boden – Mensch) (Rebele & Dettmar, 1996, S. 103). Diese sogenannten Wirkungspfade beschreiben den „Weg eines Schadstoffes von der Schadstoffquelle bis zu dem Ort einer möglichen Wirkung auf ein Schutzgut“ (§ 2 Nr. 8 BBodSchV).

Rechtliche Grundlagen für den Umgang mit Altlasten sowie deren Sanierung sind das BBodSchG und die BBodSchV sowie die Regelungen der jeweiligen Bundesländer. Die BBodSchV konkretisiert die Anforderungen des BBodSchG, indem bundeseinheitliche Prüf- und Maßnahmenwerte (§ 8 BBodSchV) mit dem Ziel, Gesundheitsgefahren für den Menschen und andere Schutzgüter abzuwehren, die mit den Auswirkungen verunreinigten Bodens verbunden sind, definiert werden und dienen damit als Entscheidungshilfen bzw. Beurteilungskriterien für den Handlungs- und Sanierungsbedarf. Die Altlastensanierung wurde damit im Jahr 1999 erstmal mit Inkrafttreten des BBodSchG bundesweit einheitlich geregelt. Das vorrangige Ziel des BBodSchG ist die Gefahrenabwehr (UBA, 2019, o. S.). Gefahrenabwehrmaßnahmen bei Altlasten tangieren überwiegend den Wirkungspfad Boden – Grundwasser. Der Grundwasserschaden ist meistens bereits eingetreten, sodass die Sanierungsmaßnahmen hier in erster Linie der Sanierung des Schadensherdes sowie der Verhinderung der weiteren Schadstoffausbreitung im Grundwasser dienen (AAV NRW, 2006, S. 5).

Um das Sanierungskonzept prüffähig darzustellen, wurde im Rahmen des BBodSchG das Instrument des Sanierungsplanes entwickelt. Ein Sanierungsplan kann ich unterschiedlichen rechtlichen Formen ausgelegt sein. Der Gesetzgeber möchte hierdurch dem Eigentümer und der zuständigen Behörde mit dem Instrument Sanierungsplan die Sanierungsentscheidung bei schwierigen Altlasten erleichtern sowie Rechts- und Planungssicherheit schaffen, da das Altlastenproblem gerade beim Flächenrecycling ein großes Hemmnis sein kann.

Im Folgenden werden die rechtlichen Instrumente des verbindlich erklärten Sanierungsplans sowie des öffentlich-rechtlichen Vertrages erläutert. Auf Ausführungen zu den Instrumenten der informellen Sanierung, der Sanierungsanordnung und des Sanierungsplan wird an dieser Stelle verzichtet.

Bei einem verbindlich erklärten Sanierungsplan werden die im Sanierungsplan festgelegten Maßnahmen mittels eines Verwaltungsaktes für verbindlich erklärt. Der Sanierungsplan mit seiner Verbindlichkeitserklärung nach § 13 Abs. 6 BBodSchG kann zudem eine „Bündelungswirkung“ haben, d. h. er schließt andere behördliche Entscheidungen mit ein und vereinfacht somit das Verfahren. Es können immissionsschutzrechtliche Genehmigungen, wasserrechtliche Erlaubnisse oder Baugenehmigungen erforderlich sein, die in einem Verwaltungsverfahren jeweils einer Zulassungsentscheidung bedürfen, aber in dem Sanierungsplan gebündelt werden können.

Eine weitere Variante ist der öffentlich-rechtliche Vertrag nach § 13 Abs. 4 BBodSchG und §§ 54ff. VwVfG, der eine verbindliche Regelung zwischen der zuständigen Behörde und dem Sanierungspflichtigen darstellt. Es können auch Dritte wie Investoren einbezogen werden, sodass der Vertrag ein Bindeglied zwischen Bodenschutz und Baurecht darstellt ohne jedoch eine Bündelungswirkung ausüben zu können. Dennoch ist er für die Einbeziehung Dritter in den Prozess unerlässlich (Grimski & König, 2010, S. 11ff.).

Das BBodSchG unterscheidet zwischen Sanierungsmaßnahmen, die Dekontaminations-, Sicherungs- und sonstige Maßnahmen (§ 2 Abs. 7 BBodSchG) beinhalten sowie Schutz- und Beschränkungsmaßnahmen (§ 2 Abs. 8 BBodSchG) (s. Abb. 10). Welche Maßnahme zur Gefahrenabwehr geeignet und erforderlich ist, liegt im Ermessen der zuständigen Behörde (§ 10 Abs. 1 BBodSchG) und muss damit dem Grundsatz der Verhältnismäßigkeit entsprechen. Auf weitere Ausführungen zu den Auswahlkriterien bezüglich des Störers sowie den Maßnahmen zur Gefahrenabwehr wird an dieser Stelle verzichtet.

Abbildung 10: Maßnahmen im Rahmen der Sanierung von Altlasten (Frauenstein, 2010, S. 4).

Die Sanierungsziele richten sich häufig nach der angestrebten Folgenutzung. Je empfindlicher die Nutzung ist, desto höher ist der Sanierungsbedarf, um das Restrisiko möglichst gering zu halten. So ist der Sanierungsbedarf bei einer versiegelten Industrie und Gewerbefläche deutlich geringer als bei der geplanten Folgenutzung als Kinderspielplatz oder Schulhof (Hartmund, 2005, S. 36).

Jedoch zeigt sich die Planung einer Folgenutzung unter den Aspekten der Wirtschaftlichkeit und Kosten-Nutzen-Analyse in der Praxis als schwierig. Ein vollständiger Rückbau der betrieblichen Anlagen im Boden sowie die Herstellung des früheren Zustandes der Fläche ist aus Gründen der Wirtschaftlichkeit unverhältnismäßig und damit nicht realisierbar (vgl. Interview mit Herrn Kopke (RAG Montan Immobilien AG), Anlage 1).

Der Sanierungsplan ist seit dem Jahre 1999 fester Bestandteil des bodenschutzrechtlichen Instrumentariums und ein integratives Konzept an der Schnittstelle zwischen kommunaler Bauleitplanung sowie den Behörden, die zum Vollzug des BBodSchG ermächtigt sind (AAV NRW, 2010, S. 5).

Bevor der Sanierungsplan jedoch für verbindlich erklärt wird, stellt sich die Herausforderung alle Interessen und Wünsche der beteiligten Akteure zu berücksichtigen. Dies bezieht sich nicht nur die „verschiedenen Interessen zwischen öffentlicher Hand und Privatunternehmen, sondern auch die unterschiedlichen Interessen innerhalb einer Kommune, da z. B. die Umweltschutzbehörden und die lokale Wirtschaftsförderung durchaus im Rahmen ihrer Funktionen unterschiedliche Ziele verfolgen können". Die Schaffung eines gemeinsamen Konsenses aller beteiligten Akteure in Hinblick auf eine erfolgreiche Umsetzung ist damit unerlässlich (vgl. Interview mit Herrn Pentos (Stadt Gelsenkirchen), Anlage 1).

Ein Grund, warum das Brachflächenrecycling jedoch nicht in dieser Intensität fokussiert wird, sind fehlende politische Anreize, die den Aufwand des Flächenrecyclings kompensieren, sodass der Aspekt der Wirtschaftlichkeit gestärkt würde (vgl. Interview mit Herrn Kopke (RAG Montan Immobilien AG), Anlage 1).

Die Aktivierung von Altlasten stellt schlussendlich für alle Beteiligten, wie Eigentümer, private Investoren sowie Behörden eine sehr anspruchsvolle Aufgabe dar. Vor allem mit Blick auf die Folgenutzung muss sichergestellt werden, dass keine Gefahr für Mensch und die weiteren Schutzgüter durch die Schadstoffe im Boden ausgeht.

4.5 Chancen und Herausforderungen bei der Sanierung eines Altstandortes

Für die Zukunft der Städte ist das Recycling von Brachflächen, insbesondere von Altlasten vor dem Hintergrund des Strukturwandels von besonderer Bedeutung. Auch im Koalitionsvertrag für NRW 2017 bis 2022 ist festgehalten:

„Die Aufbereitung von industriell vorbelasteten Brachflächen durch Flächenrecycling ist eine Zukunftsaufgabe. Die Vermeidung von zusätzlichem Naturverbrauch für kommunales Wachstum geht mit der Vorsorge vor Risiken für Böden und Grundwasser Hand in Hand. Wir werden deshalb die Flächenreaktivierung als Beitrag zur Kompensation fördern“ (CDU & FDP, 2017, S. 83).

Im Folgenden sollen die Chancen aber auch Probleme im Zusammenhang mit der Sanierung eines Altstandortes aus unterschiedlichen Blickwinkeln aufgezeigt werden.

Vor allem die nationale Gesetzgebung spielt eine bedeutende Rolle für die vorliegende Thematik dieser Publikation. Weder ein Investor noch ein Privater wird bereit sein, freiwillig die finanziellen Risiken für Altlasten auf sich zu nehmen, solange noch unbelastete Flächen als Alternative zur Verfügung stehen (BBR, 2006, S. 204). Gemäß dem Bodenschutzrecht liegt nämlich grundsätzlich die Pflicht zur Gefahrenabwehr beim Verursacher einer schädlichen Bodenveränderung oder Altlast, dessen Gesamtrechtsnachfolger, dem Grundstückseigentümer oder dem Inhaber der tatsächlichen Gewalt über ein Grundstück (§ 4 BBodSchG). Eine weitere Herausforderung ist damit die Tatsache, dass der zur Sanierung Verpflichtete nicht in jedem Fall auch der Verursacher der Bodenverunreinigung ist, aber es in der Praxis oftmals aus rechtlichen und tatsächlichen Gründen erforderlich ist, auf den Eigentümer als Zustandsstörer zurück zu greifen, um die durch die Altlast ausgehende Gefahr zu beseitigen (vgl. Interview mit Herrn Pentos (Stadt Gelsenkirchen), Anlage 1). Nur wenn diese nicht greifbar oder leistungsfähig sind, geht die Pflicht zu Gefahrenabwehr an die Unteren Bodenschutzbehörden (§ 13 Abs. 4 LBodSchG) über, die die notwendigen Maßnahmen durchführen müssen, um eine drohende Gefahr abzuwenden (LANUV, 2017, S. 3). Das nach dem BBodSchG geforderte Verursacherprinzip bringt in der Praxis nicht somit immer den gewünschten Erfolg. Aber auch auf die Inanspruchnahme des Zustandsstörers wird in einigen Fällen aus Billigkeitsgründen verzichtet. Es ist umstritten, „weil es sich hier oftmals um Eigentümer handelt, die in Unkenntnis der Kontamination das Grundstück erworben haben" (NORDAC, 1996, S. 66).

Dieses Problem könnte jedoch durch die Schaffung klarer Verhältnisse in Bezug auf diese Gefahren durch vertragliche Regelungen der Umweltverpflichtungen ausgeräumt werden. Denn Rechtssicherheit ist ein wesentliches Argument für potenzielle Investoren (UBA, 2005, S. 19).

Das Flächenrecycling wird insbesondere bei Altlasten häufig zudem dadurch erschwert, dass Investoren und zuständige Behörden den durch die Altlastensanierung erhöhten finanziellen und zeitlichen Aufwand scheuen. Es ist zwar eine Vielzahl von Instrumenten beispielsweise in Form von Arbeitshilfen der Länder vorhanden, allerdings ist die Übertragung der Methoden in der Praxis aufgrund der spezifischen Umstände jeder Altlast durchaus begrenzt (LABO, 2010, S. 19). Die hohen Sanierungs-, Aufbereitungs- und Baukosten sind ein enormes Hemmnis für Investoren, vor allem da während des Recyclingprozesses weitere, unvorhersehbare Kosten entstehen können. Eine Optimierung der Kosten wäre jedoch denkbar, wenn die angestrebte Nutzung der Fläche vor dem Recyclingprozess schon so weit konkretisiert ist, sodass die notwendigen Erschließungsmaßnahmen im Zusammenhang mit den Sanierungs- und Aufbereitungsmaßnahmen durchgeführt werden können, wodurch es zu Kosteneinsparungen kommt. In der Praxis gestaltet sich dies jedoch aufgrund der zeitlichen Abstimmung von großen Bauvorhaben eher schwierig (AAV NRW, 2005, S. 11). Vor allem bewohnte Altlasten können sich als Problem darstellen (Lazar, 2001, S. 1ff.), auf weitere Ausführungen zu diesem Problemfeld wird an dieser Stelle verzichtet.

Für Sanierungsunternehmen stellt grundsätzlich jede Aufbereitung einer belasteten Fläche eine Herausforderung dar, weil das Ausmaß der Bodenverunreinigung erst zur Gänze beurteilt werden kann, wenn die Bauarbeiten begonnen haben. Die durchgeführten Sanierungsuntersuchungen geben bereits Anhaltspunkte, nichtsdestotrotz können während der Arbeiten unvorhergesehene Tatsachen auftreten (vgl. Interview mit Herrn Vent (ECOSOIL Nord-West GmbH), Anlage 1).

Des Weiteren erfolgt vor allem bei größeren Standorten die Sanierung nicht in Form einer Dekontamination, d. h. der vollständigen Auskofferung der Bodenverunreinigung, da dies auch unter dem Gesichtspunkt der Kosten unverhältnismäßig wäre, sodass auf eine Sicherungsmaßnahme der Altlast zurückgegriffen wird. Dies ist jedoch immer noch mit einem gewissen Restrisiko verbunden, da die Altlast damit nicht vollständig eliminiert, sondern nur der Wirkungspfad des Schadstoffes unterbrochen wird, was im Rahmen von verpflichtenden Eigenkontrollmaßnahmen zudem auch noch dauerhaft überprüft werden muss. Es entstehen oft sogenannte „Ewigkeitsaufgaben", um eine erneute Gefährdung durch die Altlast auszuschließen (vgl. Interview mit Herrn Pentos (Stadt Gelsenkirchen), Anlage 1).

Weitere Restriktionen in Bezug auf andere Rechtsgebiete, z. B. dem Denkmalschutz von Gebäuden sowie das Bestehen von weiterhin genutzten Anlagen auf der zu sanierenden Fläche können die Umsetzung erschweren (vgl. Interview mit Herrn Pentos (Stadt Gelsenkirchen), Anlage 1).

Jedoch bietet die Revitalisierung von Altstandorten auch zahlreiche Chancen. In Deutschland entstehen immer mehr brachliegende Altstandorte, deren Flächen die Kommunen aktiv entwickeln können. Zudem besteht für diese Flächen auch ein breites Nutzungsangebot (näher dazu Kap. 4.6), abhängig jedoch von den spezifischen Standortbedingungen der Fläche. Durch die Sanierung und Folgenutzung der Fläche kann auch die Neuflächeninanspruchnahme reduziert werden. Durch die Wiedereingliederung der Bestandsflächen „können Flächen zur Bebauung bereitgestellt werden, ohne dass neue Bauflächen ausgewiesen werden müssen" (Weitkamp, 2009, S. 34f). Zudem wir durch die Sanierung eines Altstandortes die Belastungssituation der Umwelt deutlich verbessert. Es besteht die zentrale Chance, auf den vorgenutzten Flächen „etwas Neues zu erschaffen, sodass der Strukturwandel auch umgesetzt wird". Allerdings ist dies auch immer mit der Herausforderung verbunden, dass tatsächliche Schadstoffpotenzial zu identifizieren, sodass entsprechende Sanierungsmaßnahmen mobilisiert werden können (vgl. Interview mit Herrn Kopke (RAG Montan Immobilien AG), Anlage 1).

Altlasten haben auch weitere Vorteile, denn sie liegen meisten in einer guten Lage. Durch ihre besondere Lage sind sie zentral und besitzen eine gute Anbindung an die vorhandene Infrastruktur. Dies hat auch zur Konsequenz, dass Erschließungskosten eingespart werden können (UBA, 2005, S. 7). Der grundlegendste Aspekt, auch vor dem Hintergrund der deutschen Nachhaltigkeitsstrategie ist jedoch immer die bedeutsame Chance, durch die Sanierung eines Altstandortes die Neuflächeninanspruchnahme zu verringern. Vor allem in Ballungsräumen wie dem Ruhrgebiet ist der Schutz der noch vorhandenen Frei- und Grünflächen besonders wichtig. Daneben können durch die Folgenutzung der Fläche als Gewerbegebiet neue Arbeitsplätze oder ein neues Wohnquartier erschaffen werden. Ein weiterer wichtiger Aspekt ist die Beseitigung bzw. Sicherung von vorhandenen Umweltbelastungen, sodass das von dieser Fläche ausgehende Gefährdungspotenzial minimiert wird und zur Aufwertung der Fläche beiträgt (vgl. Interview mit Herrn Pentos (Stadt Gelsenkirchen), Anlage 1).

Zusammenfassend zeigt sich, dass es verschiede positive und negative Faktoren gibt, die in der Tabelle 6 dargelegt sind.

Tabelle 6: Chancen und Herausforderungen bei der Sanierung eines Altstandortes (eigene Darstellung).

Chancen	Herausforderungen
„gute Lage" der Brachflächen	Nationale Gesetzgebung u. a. Inanspruchnahme des Verursachers
Verminderung der Neuflächeninanspruchnahme	Eigentumsrechte
Schutz der Frei- und Grünflächen	Kontaminationen
Schaffung von Arbeitsplätzen, Wohnraum etc.	Kosten
Aufwertung der Fläche	Denkmalschutz
Breites Nutzungspotenzial	Fremdgenutzte Anlage auf der Sanierungsfläche
Verhinderung von weiteren Umweltbelastungen	
Imageverbesserung	

4.6 Möglichkeiten der Um- und Wiedernutzung nach erfolgreicher Brachflächensanierung

Brachen und ihre Folgenutzungen können das Bild der Kommunen nachteilig, aber auch positiv beeinflussen, sie wirken sich aus auf die Lebensqualität der Bürgerinnen und Bürger aus und steigern die Attraktivität als Wirtschaftsstandort (IBoMa & AKOPLAN, 2002, S. 39). Bevor der Prozess des Flächenrecycling startet, wird oft die Folgenutzung dieser Fläche von zahlreichen beteiligten Akteuren diskutiert. Die Flächen müssen oft unterschiedlichsten Nutzungsansprüchen genügen: Sie bieten Platz für die Förderung der kommunalen Wirtschaft, können Wohnungsnot in Ballungsräumen verringern, bieten Erholungsräume für den Menschen. Häufig entstehen zwischen den Beteiligten Interessenskonflikte, die es zu lösen gilt. Im Folgenden werden Möglichkeiten der Um- und Wiedernutzung nach erfolgreicher Brachflächensanierung darstellt. Hierbei handelt es sich jedoch um keine abschließende Darstellung der möglichen Folgenutzungen, da eine Vielzahl von Nutzungen denkbar wäre. Die Entscheidung, welche Folgenutzung angestrebt werden soll, hängt auch immer im Wesentlichen von der Vornutzung der Fläche ab, denn Altlasten verändern die Qualität des Bodens nachhaltig und eine Gefährdung der Wirkungspfade muss ausgeschlossen sein. Daneben ist die Nutzung einer Brachfläche auch von den Standortbedingungen und weiteren Faktoren wie Größe und Lage im Stadtgebiet abhängig. Eine Kommune sollte jedoch auch flexibel in Hinblick auf die Folgenutzung sein und sich mit Investoren abstimmen, um die Vermarktungschancen zu erhöhen (UBA, 2005, S. 21). Eine Kombination aus verschiedenen Folgenutzungen bietet zudem die Möglichkeit, unterschiedlichste Interessen der beteiligten Akteure zu realisieren sowie die heterogene Qualität des Bodens auf der Gesamtfläche zu berücksichtigen. So können beispielweise „Teilflächen mit geringer Bedeutung für die biologische Vielfalt […] bebaut werden, wenn dabei die wertvolleren Teilflächen langfristig gesichert werden“ (BfN, 2012, S. 60ff.).

Folgenutzung als Freiraum

Erhaltung und Entwicklung von Flächen, die insbesondere für die biologische Vielfalt wertvoll sind, sollte für Kommunen von besonderer Bedeutung sein. Die Nachnutzung als Freiraum kann in unterschiedlichen Konzepten umgesetzt werden und hat viele positive Auswirkungen, sie ermöglicht „große Synergien zwischen dem Schutz der biologischen Vielfalt und den Funktionen des Naturhaushalts sowie für die Erholungsnutzung“ (BfN, 2012, S. 59). Die Darstellung umfasst nicht die Zwischennutzung als temporäres Grün. Insbesondere in Städten mit geringem Nachnutzungsdruck sowie leeren Haushaltskassen „ist die Stadtwildnis als Freiraumtyp ein vielversprechendes freiraumplanerisches Konzept, mit dem eine Notlage als Chance für eine Bereicherung des städtischen Freiraumsystems gesehen werden kann" (BfN, 2012, S. 60). Allerdings muss hier mit unerwünschten Nebeneffekten wie Vandalismus gerechnet werden, sodass eine Umwandlung einer Brachfläche in eine dauerhafte Grünfläche, die anderen Anforderungen als der Stadtwildnis genügt, sinnvoller erscheint. Der Bestand dieser Flächen kann langfristig durch die Ausweisung als öffentliche Grünfläche im Rahmen der Bauleitplanung gesichert werden. Der Aufbau eines Waldes auf Brachflächen ist eine weitere Option, die sich bietet. Jedoch ist hier mit längeren Entwicklungszeiten zu rechnen, bis sich der Standort für die Erholungsnutzung attraktiv gestaltet (BfN, 2012, S. 59ff.). Grundsätzlich dienen Freiräume auch immer dem Schutz des Bodens, weshalb bei Bauvorhaben der sogenannte ‚Mutterboden' geschützt werden soll (§ 202 BauGB). Jedoch sind die Böden auf Brachflächen, insbesondere auf Altlasten bzw. altlastverdächtigen Flächen, anthropogen erheblich verändert und damit ihre natürliche, biologische Funktion nicht mehr vorhanden, sodass eine Folgenutzung als Freifläche die Erhaltung von bisher ungenutzten Freiflächen nicht kompensieren kann (IBoMa & AKOPLAN, 2002, S. 44).

Folgenutzung als Landwirtschaftsfläche

Im Hinblick auf die verstärkte Nutzung erneuerbarer Energien wird die Folgenutzung von Brachflächen als Landwirtschaftsfläche gefordert. Zudem sind beim Anbau von Biomasse für die energetische Nutzung die Anforderungen an die Bodenqualität geringer als bei der Lebensmittelproduktion, sodass diese Folgenutzung auch auf sanierten Altlasten möglich ist (BfN, 2012, S. 62).

Zwischennutzungen

Aufgrund des häufig sehr negativ verbreiteten Images von Brachflächen, insbesondere von Altlasten, gestaltet sich die Vermarktung dieser Flächen unter Umständen schwierig. Um diesem Problem entgegenzuwirken, stellen Zwischennutzungen eine Strategie dar, um für ein besseres Image zu sorgen. Häufig können durch ein „Schlüsselprojekt" weitere Interessenten für die Fläche gefunden werden. Wenn sich zunächst keine profitable Nutzung sowie kein Investor findet, stellt die Zwischennutzung eine Möglichkeit dar, das Image nicht weiter zu verschlechtern. Die Flächen können so ohne Wechsel des Eigentümer oder Änderung des Planungsrechts für kulturelle Veranstaltungen oder als Fläche für Sport und Erholung genutzt werden (UBA, 2005, S. 24ff.).

Nutzung als Gewerbefläche

Eine weitere Möglichkeit, innerstädtische Brachflächen können vor allem aufgrund der zentralen Lage, der guten Verkehrsanbindung sowie unkomplizierter Genehmigungsverfahren bei gewerblicher Nachnutzung interessant sein. Typisch gewerbliche Nutzer von Brachflächen sind Unternehmen, „die mit besonders hohen Qualitätsstandards ihre Corporate Identity durch einen städtebaulich hochwertigen Standort darstellen wollen", „technologieorientierte Unternehmen, wissensintensive Produktionen sowie Dienstleistungsunternehmen mit einem hohen Fachkräfteanteil" und Netzwerks- und quartiersbezogene Betriebe (UBA, 2005, S. 13).

Nutzung als Wohnraum

Das Verlangen nach mehr Platz und „Grün" zieht viele Stadtbewohner aus ihren Stadtquartieren in die Außenbereiche der Kommunen und begünstigt damit das Bauen auf der „grünen Wiese". Eine Trendwende „zurück in die Stadt" kann auch vor dem Hintergrund sinkender Bevölkerungszahlen in viele Gebieten nicht beobachtet, nichtdestotrotz kann mit Hilfe des Brachflächenrecyclings ein zuvor unattraktives Quartier grundlegend gewandelt werden. Die Revitalisierung von Brachen für Wohnraumzwecke kann damit eine entscheidende Rolle spielen, indem auf der Fläche realisiert wird, was der Gesellschaft bisher fehlte und somit das Verlangen befriedigt (UBA, 2005, S. 12).

Kapitel 5 – Beispiel der Folgenutzung nach erfolgreicher Brachflächensanierung: Das Gelände der ehemaligen Kokerei Hassel

Der Strukturwandel prägte vor allem das Ruhrgebiet. Gelsenkirchen liegt mitten in der Metropolregion Ruhr und weist heutzutage viele zuvor durch den Bergbau genutzte Brachflächen auf. Ein aktuelles Beispiel, wo die Flächensanierung bereits fast abgeschlossen und die letzten gestalterischen Maßnahmen umgesetzt werden sowie die Folgenutzung festgelegt ist, ist in Gelsenkirchen die Fläche der ehemaligen Kokerei Hassel. Die lange brach liegende Fläche im Stadtteil Hassel wurde unter dem Motto „Einst Kokerei, über viele Jahre verlassene Industriebrache, demnächst grüner Stadtteilpark" saniert (Laufs, 2015, o. S.). Damit soll der Rückzug der Montanindustrie der Stadt Gelsenkirchen – und vor allem dem aufstrebenden Stadtteil Hassel – eine neue Grünfläche bescheren.

Die Sanierungsarbeiten sind derzeit weitestgehend abgeschlossen, sodass momentan die planerischen und gestalterischen Arbeiten im Vordergrund stehen. Im Frühjahr 2020 soll die ehemalige Brachfläche der Kokerei nun nach abgeschlossener Sanierung der Stadt Gelsenkirchen übergeben und für die Öffentlichkeit zugänglich gemacht werden. Denn der Gesellschaft soll wieder das zur Verfügung gestellt werden, was die Industrie ihr genommen hat (vgl. Interviews mit Herrn

Pentos (Stadt Gelsenkirchen), Herrn Kopke (RAG Montan Immobilien AG), Herrn Vent (ECOSOL Nord-West GmbH), Anlage 1).

5.1 Gestaltungsplan

„Wohnen, Freizeit und Energiegewinnung sind die wesentlichen Bestandteile“, die die Zukunft ehemaligen Industriebrachfläche prägen sollen (Laufs, 2015, o. S.). Die Erschließung des Wohngebietes ist in naher Zukunft geplant. Damit erfolgt auf dem Gelände der ehemaligen Kokerei Hassel eine Kombination aus den Folgenutzungen Erholung, Freizeit, Wohnen und Landwirtschaft. Vor allem durch die Folgenutzung als Wohnraum wurde das aufgegriffen, was unter aktuellen Gesichtspunkten von der heutigen Gesellschaft gefordert und gebraucht wird (vgl. Interview mit Herrn Pentos (Stadt Gelsenkirchen), Anlage 1).

Der Weg zu dieser kombinierten Folgenutzung war jedoch auch mit erheblichen Aufwand verbunden. Einen gemeinsamen Konsens der unterschiedlichen Behördenvertreter hinsichtlich des Gestaltungsplanes zu erarbeiten, stellte sich anfangs als Herausforderung dar (vgl. Interview mit Herrn Pentos (Stadt Gelsenkirchen), Anlage 1).

5.2 Sanierung

Durch den jahrzehntelangen Betrieb der Kokerei Hassel ist die Fläche an vielen Stellen stark mit Schadstoffen kontaminiert. Aus diesem Grund war zunächst eine Sanierung der Fläche erforderlich, um den Gestaltungplan auf der Fläche umzusetzen. Ein entsprechendes Konzept, welches die notwendigen Arbeitsschritte und Sanierungsmaßnahmen dokumentiert, ist der Abschlussbetriebsplan (näher dazu Kap. 5.2.1). Dieser wurde von der RAG Montan Immobilien GmbH, die Eigentümerin der Fläche ist, eingereicht und von der Bezirksregierung Arnsberg sowie der Stadt Gelsenkirchen geprüft und zugelassen. Die RAG Montan Immobilien AG beauftragte die ECOSOIL Nord-West GmbH, nachdem diese den Zuschlag des Ausschreibungsverfahrens erhalten hatte, als Bauunternehmen, die daraufhin ihre Arbeiten aufnahmen (vgl. Interview mit Herrn Vent (ECOSOIL Nord-West GmbH), Anlage 1).

Neben den bereits genannten Aspekten war es auch aus städtischer Sicht eine Sanierung der Fläche von besonderer Bedeutung. Brachflächen verstärken immer ein schlechtes Image einer Kommune („Schandfleck im Stadtgebiet"), sodass die Sanierung der Fläche eine Aufwertung aus stadtplanerischer Sicht bedeutet. Hassel gilt in Gelsenkirchen in den letzten Jahren als ein aufstrebender Stadtteil, aufgrund dessen ein Flächenrecycling dieser Fläche den Stadtteil weiter positiv in den Vordergrund rücken sollte. Es war zudem Wille der Politik aufgrund der oben genannten Ausführungen, diese Fläche zu recyceln und damit für die Öffentlichkeit wieder zugänglich zu machen (vgl. Interview mit Herrn Pentos (Stadt Gelsenkirchen), Anlage 1).

5.2.1 Abschlussbetriebsplanverfahren

Gemäß § 69 Abs. 2 BBergG endet die Bergaufsicht für die Fläche der ehemaligen Kokerei nach Durchführung eines Abschlussbetriebsplanes zu dem Zeitpunkt, in dem nach allgemeiner Erfahrung nicht mehr damit zu rechnen ist, dass durch den Betrieb Gefahren für Leben und Gesundheit Dritter eintreten. Der Abschlussbetriebsplan wurde mit dem Ziel der Beendigung der Bergaufsicht für diese Fläche eingereicht. Neben dem Ausschluss von Gefahren, muss darüber hinaus nach § 55 Abs. 2 BBergG die Wiedernutzbarmachung der Oberfläche sichergestellt sein, hinsichtlich dessen dies durch die Umnutzung der Fläche gemäß dem Gestaltungs- und Rekultivierungsplan gewährleistet wurde. Zudem wurde ein Sanierungsplan im Rahmen des Abschlussbetriebsplanverfahrens erstellt, indem die Sanierungsmaßnahmen festgelegt wurden.

5.2.2 Sanierungsmaßnahmen

Um die Fläche wiedernutzbar und für die Öffentlichkeit wieder zugänglich zu machen, waren umfangreiche Sanierungsmaßnahmen notwendig, die im Sanierungsplan dokumentiert wurden.

Wie bereits in Kapitel 4 erläutert, wird grundsätzlich zwischen Sicherungs- und Dekontaminationsmaßnahmen unterschieden. Unter Berücksichtigung der betroffenen Schutzgüter, der geforderten Schutz- und Sanierungsziele, der vorliegenden Bodenkontaminationen als auch des festgelegten Nutzungskonzeptes wurde sich dafür entschieden, zwei Flächen, in denen tiefreichende Bodenverunreinigungen nachgewiesen werden konnten, bereitzustellen, um weiteres verunreinigtes Aushubmaterial von anderen Arealen der Flächen auf ihnen einzubauen und später durch eine Oberflächenabdichtung zu sichern.

Diese sogenannten Sicherungsbauwerke (s. Abb. 11) wurden auch in der gestalterischen Umsetzung des Nutzungskonzeptes berücksichtigt, indem sie als etwas 10 m hohe Pyramiden modelliert wurden und sich somit in das gestalterische Konzept wirkungsvoll einfügen.

Abbildung 11: Sicherungsbauwerk auf der Kokerei Hassel (Stadt Gelsenkirchen, 2016).

Die Umsetzung dieser Sanierungsmaßnahmen verlief fast komplikationslos und wurde nur von einigen Inkonvenienzen beeinträchtigt. Dazu gehörte unter anderem Kampfmittelbeseitigung, Vandalismus, Anwohnerbeschwerden sowie weitere Restriktionen in Bezug auf den Denkmalschutz von Gebäuden. Eine weitere Problemstellung ergab sich aus der Tatsache, dass auf dem Gelände der ehemaligen Kokerei Hassel weiterhin fremdgenutzte Leitungstrassen bestehen, deren Betreiber auch in Zukunft aufgrund der rechtlichen Gegebenheiten diese nutzen darf, sodass dies sowohl bei der Planung als auch Umsetzung beachtet werden musste. Allerdings können die aufgetretenen Unannehmlichkeiten aufgrund der Komplexität eines Recyclingprozesses sowie vor dem historischen Hintergrund dieser Fläche weder als außergewöhnlich noch unvorhersehbar eingestuft werden (vgl. Interviews mit Herrn Pentos (Stadt Gelsenkirchen), Herrn Kopke (RAG Montan Immobilien GmbH), Herrn Vent (ECOSOIL Nord-West GmbH), Anlage 1).

Abschließend lässt sich festhalten, dass das Brachflächenrecycling des Geländes der ehemaligen Kokerei Hassel von allen beteiligten Akteuren trotz der Herausforderungen als ein gelungenes Beispiel für die Sanierung eines Altstandortes bewertet werden kann (vgl. Interviews mit Herrn Pentos (Stadt Gelsenkirchen), Herrn Kopke (RAG Montan Immobilien GmbH), Herrn Vent (ECOSOIL Nord-West GmbH), Anlage 1).

Kapitel 6 – Zusammenfassung

Das Brachflächenrecycling verbindet demnach zwei wesentliche Ansprüche, die sich das BBodSchG (§ 1 BBodSchG) zum Ziel gesetzt hat: Zum einen werden bereits vorgenutzte Flächen wiederhergestellt, zum anderen wird durch das Flächenrecycling und die Wiedernutzbarkeit der Flächen die Inanspruchnahme neuer Flächen reduziert und somit die natürlichen Bodenfunktionen dieser nicht vorgenutzten Flächen nachhaltig gesichert. Zudem kann das Brachflächenrecycling mit den hier abgeleiteten Erfolgsfaktoren als eines der bedeutsamsten Instrumente angesehen werden, um das „30 minus X ha/Tag"-Ziel der deutschen Nachhaltigkeitsstrategie bis 2030 zu erreichen. Die Bundesregierung hat sich mit dieser Zielvorgabe ein ehrgeiziges Ziel gesetzt. Um dieses Ziel zu erreichen, wurde bereits eine Vielzahl von Lösungsansätzen untersucht, allerdings fehlt es an der Konkretisierung und Realisierung. Theoretisch wurde die Thematik „Flächen sparen" bereits vielfach und umfassend untersucht, jedoch zeigt sich die Umsetzung des Flächenrecyclings in der Praxis noch ausbaufähig. Diese Aufgabe gilt es zukünftig verstärkt voranzutreiben. Viele Daten und Trends weisen in eine positive Richtung, denn eine Neuflächeninanspruchnahme ist vor den sich bereits vollziehenden Änderungen der Bevölkerungsstruktur, der ökologischen und ökonomischen Strukturen nicht zu verantworten. Auch in Anbetracht der rückläufigen Flächeninanspruchnahme erscheint eine weitere zielgerichtete

Verringerung der Neuflächeninanspruchnahme für eine zukunftsfähige Stadtentwicklung als fundamentales Element.

Unerlässlich für die Umsetzung aller Maßnahmen im Rahmen des Flächenrecyclings ist neben einem politischen Grundkonsens, der eine Vorstellung der zukünftigen Stadtentwicklung definiert, die Kommunikation zwischen den beteiligten Akteuren des Recyclingprozesses. Fehlendes Wissen über die Folgen des hohen Flächenverbrauchs in Deutschland dürfte ein Grund sowohl für die mangelnde Ausschöpfung der Möglichkeiten als auch für den Umstand sein, dass eine flächensparende und schonende Siedlungspolitik bisher wenig Unterstützung in der Bevölkerung findet. Daher sind Informations- und Aufklärungsmaßnahmen, die sich an die gesamte Gesellschaft wenden, genauso wichtig wie Maßnahmen zur Förderung des Problembewusstseins wichtiger Akteure. Fundamental scheint die Thematik Umweltbildung von Kindern und Jugendlichen. Nichtsdestotrotz wird nicht allein das steigende Bewusstsein der Problematik zur wirksamen Verringerung der Flächeninanspruchnahme führen. Es besteht bereits ein breit gefächertes Instrumentarium, um die flächenpolitischen Ziele zu fördern, allerdings kommt dem politischen Willen der kommunalen Planungsträger für die tatsächliche Umsetzung eine entscheidende Rolle zu. Die politischen Entscheidungsträger schöpfen durch den Einsatz der bereits bestehenden Instrumenten und Strategien das sich dadurch ergebende Steuerungspotenzial hinsichtlich der Neuflächeninanspruchnahme und des Brachflächenrecyclings noch nicht vollständig aus. Vor allem das Baurecht bietet wirksame Instrumente.

Eine Inanspruchnahme neuer Flächen wird jedoch nicht vollständig zu verhindern sein. Aus diesem Grund sollten Kommunen die Flächennutzungsplanung und insbesondere die Bebauungsplanung als Steuerungsinstrument nutzen, um eine hohe qualitative Nutzungsdichte der Ressource Boden zu gewährleisten und die Inanspruchnahme neuer Flächen relativ gering zu halten. Eine flächensparende Wohnbebauung kann durch Festsetzungen im Bebauungsplan gefördert werden, die gleichsam den Schutz des Bodens unterstützen. Zugleich müssen jedoch auch nichtstaatliche Akteure wie Wirtschaft und Zivilgesellschaft in ihren jeweiligen Handlungsfeldern die Verantwortung für eine nachhaltige Entwicklung der Ressource Boden übernehmen.

Die Revitalisierung brachgefallener Flächen bietet für die Stadtentwicklung vielfältige Chancen und weitreichende Möglichkeiten. Neue und zukunftsträchtige Aufgaben – sei es die Nutzung als Wohnraum oder Gewerbestandort – können gefördert werden. Insgesamt ergibt durch die Revitalisierung von Brachflächen die Chance, die Lebensqualität der Bevölkerung zu erhöhen sowie die natürlichen Funktionen des Bodens nachhaltig zu sichern. Allerdings ist der Schutz der Ressource Boden als langfristiges Ziel anzusehen, sodass heute bereits Maßnahmen getroffen werden müssen, die in einigen Jahren nachhaltig wirken können. Denn Flächenrecycling und Wiedernutzung dieser Flächen sind langwierige, komplexe Prozesse, die zudem häufig durch Altlasten und Eigentumsprobleme erschwert werden. Allerdings zeigt hier das Gelände der ehemaligen Kokerei Hassel trotz der Besonderheiten dieser Fläche als ein gelungenes Beispiel des Brachflächenrecyclings in der Praxis. Der Erfolg einer Maßnahme im Rahmen der Wiedernutzbarmachung einer Altlast hängt maßgeblich davon ab, ob die teilweise sehr unterschiedlichen Erwartungen der jeweiligen Akteure für eine ausgewählte Fläche harmonisiert werden können. Um im weiteren Verlauf des Prozesses Unstimmigkeiten bei der Realisierung des Vorhabens zu vermeiden, sind frühzeitig präzise vertraglich Vereinbarungen zu dokumentieren. Ein wesentliches Element bei der Revitalisierung von Altstandorten ist die Schaffung klarer rechtlicher Verhältnisse in Bezug auf Umweltgefährdungen. Der Sanierungsplan stellt sich hier als ideales Instrument des Flächenrecyclings auf Altlasten dar. Es ermöglicht an der Schnittstelle zwischen kommunaler Bauleitplanung und Unteren Bodenschutzbehörde einvernehmliche und integrative Lösungen zu erzielen. Dies gilt vor allem in Kombination mit weiteren Instrumenten des BauGB.

Zudem sollten zur Vermeidung der Entstehung zukünftiger Brachflächen bereits frühzeitige Planungen vor Beendigung der bisherigen Nutzung beginnen, um einen nahtlosen Übergang in die Folgenutzung zu ermöglichen. Im Hinblick auf die zukünftige Entstehung von Altlasten sollten Maßnahmen entwickelt und von staatlicher Hand festgelegt werden, um betriebsbedingte Bodenverunreinigungen zu verhindern, da die Bodenfunktionen dadurch stark beeinträchtig werden.

Abschließend lässt sich sagen, dass die vorliegende Publikation keinen Anspruch auf eine allgemeingültige und umfassende Darstellung des Brachflächenrecyclings erhebt, sie sich als ein Beitrag zur weiteren Verbreitung des Themenbereichs Brachflächenrecycling in Kommunen als Instrument des Bodenschutzes versteht und einen Beitrag zur weiteren Erforschung beitragen möchte.

Um weitere Erkenntnisse im Hinblick auf die Möglichkeiten aber auch Herausforderungen bei der Umsetzung des Flächenrecyclings zu erlangen, eignen sich empirische Untersuchungen. Die Durchführung weiterer Interviews mit Experten der Stadtplanung, Naturschutz-, Wasserschutz-, Landschaftsbehörden sowie der Wirtschaftsförderung können weitere Erkenntnis angesichts der Anforderungen an das Brachflächenrecycling bringen, da sich dies als interdisziplinäre Aufgabe darstellt. Auch die Analyse weiterer Sanierungsprojekte könnte weitere Erkenntnisse bringen. Zudem wurde auf finanzielle, wirtschaftliche aber auch soziale Aspekte in dieser Publikation nicht tiefgreifend eingegangen, sodass deren differenzierte Betrachtung für eine allumfassende Darstellung unerlässlich ist. Die Untersuchung ökonomischer und fiskalischer Instrumente könnte weitere Einblicke bringen. Denkbar wäre in diesem Rahmen auch die Möglichkeit einer Grundsteuerreform als fiskalischer und finanzieller Aspekt, indem dadurch ein erhöhter Anreiz zur Reduzierung der Flächeninanspruchnahme geschaffen wird, der aber weitergehend geprüft werden müsste. Des Weiteren wäre die Erweiterung der Thematik auf die Gesamtheit aller Brachflächen, nicht nur die Begrenzung von Altlasten als Brachflächen, möglich, da diese noch weitere Chancen für Kommunen bieten können vor dem Hintergrund das Altlast infolge stark kontaminierter Böden oft in ihrer Folgenutzung beschränkt sind.

Unabhängig davon, unter welchem Blickwinkel die Thematik betrachtet wird, sollte daher Grundlage für einen nachhaltigen Bodenschutz ein ganzheitlicher, integrativer Ansatz sein: Nur wenn alle Aspekte der drei Nachhaltigkeitsfaktoren Ökologie, Ökonomie und Soziales beachtet werden, lassen sich langfristig tragfähige Lösungen für alle Beteiligten erzielen.

Quellenverzeichnis

Literatur

Aden, H. (2012). *Umweltpolitik* (1. Ausg.). (H.-G. Ehrhart, B. Frevel, K. Schubert, & S. S. Schüttemeyer, Hrsg.) Wiesbaden: VS Verlag für Sozialwissenschaften.

Altlastensanierungs- und Altlastenaufbereitungsverband Nordrhein-Westfalen (2005) (AAV NRW). *Jahresbericht 2004/2005. Flächenrecycling reduziert Grünflächenverbrauch.* Hattingen.

Bundesamt für Bauwesen und Raumordnung (BBR) (Hrsg.) (2006). *MehrWert für Mensch und Stadt: Flächenrecycling in Stadtumbauregionen. Strategien, innovative Instrumente und Perspektiven für das Flächenrecycling und die städtebauliche Erneuerung* (1. Ausg.). Publikation des Förderprogramms „Forschung für die Reduzierung der Flächeninanspruchnahme und ein nachhaltiges Flächenmanagement (REFINA)" des Bundesministeriums für Bildung und Forschung. Freiberg: SAXONIA Standortentwicklungs- und -verwaltungsgesellschaft GmbH.

Bückmann, W. (1992). *Bodenschutzrecht: rechtliche und verwaltungsmässige Grundlagen des Bodenschutzes unter besonderer Berücksichtigung der Altlastensanierung* (H.-L. Dreißigacker, Hrsg.) Köln, Berlin, Bonn, München: Carl Heymanns Verlag.

Bückmann, W., Damborg, A., Dreißigacker, H.-L., Eleveld, R., Gerner, I., Lee, Y. H., Gerner I., Mackensen, R., Maier, H. (1997). *Bodenschutz in Europa.* (H.-L. Dreißigacker, Hrsg.) Köln, Berlin, Bonn, München: Carl Heymanns Verlag.

Dieterich, Hartmunt (1984). *Typische Problemsituationen von Industrie- und Gewerbebrachen.* In: *Information zur Raumentwicklung.* Heft 10/11, S. 978f.

Fiedler, H. J. (Hrsg.). (1990). Bodennutzung und Bodenschutz. Basel, Boston, Berlin: Birkhäuser Verlag.

Franz, Martin (2008). *Brachflächenentwicklung und die institutionelle Dimension von Nachhaltigkeit. Das Beispiel Oberschlesien.* Münster: LIT Verlag.

Greiff, R., Kröning, W., (Hrsg.) (1. Aufl.) (1993). *Bodenschutz beim Bauen: Grundlagen und Handlungsempfehlungen für den Hochbau.* Karlsruhe: Verlag C.F. Müller GmbH.

Harjes, H.-P., Walter, R. (Hrsg.) (1999). *Die Erde im Visier. Die Geowissenschaften an der Schwelle zum 21.Jahrhundert.* Berlin, Heidelberg: Springer-Verlag.

Hebeler, T., Hendler, R., Proelß, A., & Reiff, P. (Hrsg.) (2015). *Kommunaler Umweltschutz. 30. Trierer Kolloquium zum Umwelt und Technikrecht vom 4. bis 5. September 2014* (Bd. 128). Berlin: Erich Schmidt Verlag.

Jörissen, J., & Coenen, R. (2007). *Sparsame und schonende Flächennutzung. Entwicklung und Steuerbarkeit des Flächenverbrauchs.* Berlin: edition sigma.

Kahnert, Rainer (1988). *Forschungsstand und Forschungsfragen für den Experimentellen Wohnungs- und Städtebau.* In: BfLR (Hrsg.). *Städtebau und gewerbliche Wirtschaft.* Heft 31. Bonn.

Kleine, H., Siebel, W. (1994). *Die soziale Strategie der IBA.* In: Kreibich, R, Schmid, A. S., Siebel, W., Sieverts, T., Zlonicky, P. (Hrsg.): *Bauplatz Zukunft. Dispute über die Entwicklung von Industrieregionen.* Essen: Klartext.

Koch, E., & Schneider, U. (Hrsg.) (1997). *Flächenrecycling durch kontrollierten Rückbau. Ressourcenschonender Abbruch von Gebäuden und Industrieanlagen.* Berlin/Heidelberg: Springer-Verlag.

Lazar, S. (2001). *Bewohnte Altlasten als interdisziplinäres Problemfeld. Rahmenbedingungen, Handlungsspielräume und Konfliktmanagement* (1. Ausg.). Berlin: Erich Schmidt Verlag.

Ministerium für Stadtentwicklung, Kultur und Sport des Landes Nordrhein-Westfalen (Hrsg.) (1998). *Grundstückfonds Nordrhein-Westfalen*. Düsseldorf.

NORDAC (1996). *Alternative Sanierungsmodelle in der Altlastensanierung* (Altlasten- und Flächensanierung in der Praxis). Bonn: Economica Verlag.

Rebele, F., Dettmar, J. (1996). *Industriebrachen. Ökologie und Management* (Praktischer Naturschutz). (E. Jedicke, Hrsg.). Stuttgart (Hohenheim): Verlag Ulmer Eugen GmbH & Co.

Siedentop, Stefan (2005). *Problemdimensionen der Flächeninanspruchnahme*, S. 19–27. In: Besecke, A., Hänsch, R. & Pinetzki, M. (Hrsg.). *Das Flächensparbuch: Diskussion zu Flächenverbrauch und lokalem Bodenbewusstsein*. Berlin: Universitätsverlag der Technischen Universität Berlin.

Umweltbundesamt (UBA) (2004). *Reduzierung der Flächeninanspruchnahme durch Siedlungen und Verkehr – Strategiepapier des Umweltbundesamtes –*. Berlin: Erich Schmidt Verlag.

United Nations (1987): *Report of World Commission on Environment and Development – Our common future.*

Wissenschaftlicher Beirat Bodenschutz beim BMU (2000). *Wege zum vorsorgenden Bodenschutz: Fachliche Grundlagen und konzeptionelle Schritte für eine erweiterte Boden-Vorsorge.* (Bachmann, Günther und Thoenes, Hans-Willi, Hrsg.). Bodenschutz und Altlasten, Bd. 8. Erich Schmidt Verlag: Berlin.

Internetpublikationen

Altlastensanierungs- und Altlastenaufbereitungsverband Nordrhein-Westfalen (AAV NRW) (2006). *Jahresbericht 2005/2006: Bodenschutzstrategie für Europa.* URL: https://www.aav-nrw.de/files/aav/_dokumente/_jahresberichte/jahresbericht_2005_2006-min.pdf (aufgerufen am 29.05.2019).

Altlastensanierungs- und Altlastenaufbereitungsverband Nordrhein-Westfalen (AAV NRW) (2010). *Jahresbericht 2010: Lebensräume in Nordrhein-Westfalen.* URL: https://www.aav-nrw.de/files/aav/_dokumente/_jahresberichte/jahresbericht_2010-min.pdf (aufgerufen am 29.05.2019).

Arbeitsgruppe „Bewusstseinswandel im Flächenverbrauch" (Hrsg.) (2007). *Wissenswertes aus Bad Neubau (Kurzfilm zum Thema Flächenverbrauch).* Hamburg. URL: https://www.youtube.com/watch?v=-51TYRu4gVA (aufgerufen am 26.04.2019).

Bauer, Steffen (2008). *Leitbild der Nachhaltigen Entwicklung.* (Bundesamt für politische Bildung, Hrsg.). URL: https://www.bpb.de/izpb/8983/leitbild-der-nachhaltigen-entwicklung?p=all (aufgerufen am 29.05.2019).

Bernhardt, Johannes (1999). *Umnutzung stillgelegter Bahnflächen.* Diplomarbeit, Institut für Stadt- und Regionalplanung der Technischen Universität Berlin. URL: https://www.irbnet.de/daten/rswb/07129007265.pdf (aufgerufen am 12.05.2019).

Bock, Stephanie, Hinzen, Ajo, Libbe, Jens (Hrsg.) (2011). *Nachhaltiges Flächenmanagement – Ein Handbuch für die Praxis.* Ergebnisse aus der REFINA-Forschung. Berlin: Spree Druck Berlin GmbH. URL: http://edoc.difu.de/edoc.php?id=K8934QW7 (aufgerufen am 25.04.2019).

Bock, Stephanie, Hinzen, Ajo, Libbe, Jens (Hrsg.) (2009). *Nachhaltiges Flächenmanagement – in der Praxis erfolgreich kommunizieren. Ansätze und Beispiele aus dem Förderschwerpunkt REFINA.* Berlin: Spree Druck Berlin GmbH. URL: http://edoc.difu.de/edoc.php?id=B6LF50V8 (aufgerufen am 22.04.2019).

Bundesamt für Bau-, Stadt- und Raumforschung (BBSR) (Hrsg.) (2014). *Flächenverbrauch, Flächenpotenziale und Trends 2030. Beiträge zum Siedlungsflächenmonitoring im Bundesgebiet.* Bonn. URL: https://www.bbsr.bund.de/BBSR/DE/Veroeffentlichungen/AnalysenKompakt/2014/DL_07_2014.pdf?__blob=publicationFile&v=2 (aufgerufen am 26.04.2019).

Bundesamt für Bauwesen und Raumordnung (BBR) (Hrsg.) (2006). *Brachflächen in der Flächenkreislaufwirtschaft (Expertise).* Berlin. URL: https://www.bbsr.bund.de/BBSR/DE/FP/ExWoSt/Forschungsfelder/2004undFrueher/FlaecheImKreis/BilderDownloads/ExpertiseBrachflaechen.pdf?__blob=publicationFile&v=3 (aufgerufen am 26.04.2019).

Bundesamt für Bauwesen und Raumordnung (BBR) (Hrsg.) (2006). *Privatwirtschaftliche Akteure und Wiedernutzung von Brachflächen (Expertise). Perspektive Flächenkreislaufwirtschaft.* Berlin. URL: https://www.bbsr.bund.de/BBSR/DE/FP/ExWoSt/Forschungsfelder/2004undFrueher/FlaecheImKreis/BilderDownloads/ExpertisePrivatwirtschaft.pdf?__blob=publicationFile&v=3 (aufgerufen am 18.01.2020).

Bund-/Länder-Arbeitsgemeinschaft Bodenschutz (LABO) (2010). *Reduzierung der Flächeninanspruchnahme. Bericht der Umweltministerkonferenz zur Vorlage an die Konferenz der Chefin und der Chefs der Staats- und Senatskanzleien mit dem Chef des Bundeskanzleramtes.* URL: https://www.labo-deutschland.de/documents/UMK-Bericht_98a.pdf (aufgerufen am 22.03.2019).

Bundesminister des Innern (1985). *Bodenschutzkonzeption der Bundesregierung.* Bundestagsdrucksache 10/2977 v. 7.März 1985. Stuttgart, Berlin, Köln, Mainz. URL: http://dipbt.bundestag.de/doc/btd/10/029/1002977.pdf (aufgerufen am 01.12.2019).

Butzin, B.; Pahs, R.; Prey, G. (2009). *Regionalkundliches Informationssystem des RVR zum Ruhrgebiet.* URL: http://www.ruhrgebiet-regionalkunde.de/html/ris_index.php.html (aufgerufen am 23.11.2019).

Christlich Demokratische Union Deutschlands & Freie Demokratische Union (CDU & FDP) (2017). *Koalitionsvertrag für Nordrhein-Westfalen 2017–2022.* URL: https://www.cdu-nrw.de/sites/default/files/media/docs/nrwkoalition_koalitionsvertrag_fuer_nordrhein-westfalen_2017_-_2022.pdf (aufgerufen am 28.05.2019).

Die Bundesregierung (2002). *Perspektiven für Deutschland. Unsere Strategie für eine nachhaltige Entwicklung.* URL: https://www.nachhaltigkeit.info/media/1326188329phpYJ8KrU.pdf (aufgerufen am 22.03.2019).

Die Bundesregierung (Hrsg.) (2016). *Deutsche Nachhaltigkeitsstrategie. Neuauflage 2016.* URL: https://www.bundesregierung.de/resource-blob/975292/730844/3d30c6c2875a9a08d364620ab7916af6/deutsche-nachhaltigkeitsstrategie-neuauflage-2016-download-bpa-data.pdf?download=1 (aufgerufen am 22.04.2019).

Europarat (1972). *Europäische Bodencharta.* Online-Version. Brüssel. URL: https://hypersoil.uni-muenster.de/0/02/03/03/01.htm (aufgerufen am 20.04.2019).

Frauenstein, Jörg (2010). *Stand und Perspektiven des nachsorgenden Bodenschutzes.* (Umweltbundesamt, Hrsg.). URL: https://www.umweltbundesamt.de/sites/default/files/medien/publikation/long/3926.pdf (aufgerufen am 28.05.2019).

Genske, Dieter D. & Ruff, Ariane (Hrsg.) (2007). *Nachhaltiges Flächenmanagement – Potenziale und Handlungsfelder für Regionen im Umbau.* (Nordhäuser Hochschultexte). URL: http://edoc.difu.de/edoc.php?id=RB7IJ5MA (aufgerufen am 18.11.2019).

Grimski, Detlef & König, Michael (2010). *Sanierungspläne im Flächenrecycling. Ein Instrument der Bauleitplanung.* (Umweltbundesamt, Hrsg.). Kempten. URL: https://www.umweltbundesamt.de/sites/default/files/medien/publikation/long/4052.pdf (aufgerufen am 29.05.2019).

Hansen, R., Heidebach, M., Kuchler, F., Pauleit, S. (2012). *Brachflächen im Spannungsfeld zwischen Naturschutz und (baulicher) Wiedernutzung.* (Bundesamt für Naturschutz, Hrsg.). URL: https://www.bfn.de/fileadmin/MDB/documents/service/skript324.pdf (aufgerufen am 20.04.2019).

Hartmund, Armin (2005). *Aktivierung von Altstandorten für den Wohnungsbau. Nachhaltige Flächenbewirtschaftung am Beispiel der ehemaligen Seilwerke „Puth" in Hattingen.* Unveröffentlichte Dissertation, Ruhr-Universität Bochum. URL: https://hss-opus.ub.ruhr-uni-bochum.de/opus4/frontdoor/deliver/index/docId/1940/file/diss.pdf (aufgerufen am 05.05.2019).

Holländer et al. (2010). *Nachhaltiges regionales Flächenressourcenmanagement am Beispiel von Brachflächen der Deutschen Bahn AG Integration von Flächen in den Wirtschaftskreislauf.* (Umweltbundesamt, Hrsg.). 35/2010. URL: https://www.umweltbundesamt.de/sites/default/files/medien/461/publikationen/3955.pdf (aufgerufen am 12.05.2019).

Institut für Bodenmanagement (IBoMa), Institut für alternative Kommunalplanung e. V. (AKOPLAN) (2002). *Aktivierung von Brachflächen als Nutzungspotential für eine aktive Bauland und Freiflächenpolitik.* Expertise für die Enquetekommission „Zukunft der Städte in NRW" des Landtags Nordrhein-Westfalen. Dortmund. URL: http://www.akoplan.de/EKZukunftStadteNRWIBoMaBrachflaechen2002.pdf (aufgerufen am 21.04.2019).

Kommission Bodenschutz des Umweltbundesamtes (KBU) (2009). *Flächenverbrauch einschränken – jetzt handeln. Empfehlungen der Kommission Bodenschutz beim Umweltbundesamt.* URL: https://www.umweltbundesamt.de/sites/default/files/medien/479/publikationen/e6e82d01.pdf (aufgerufen am 22.04.2019).

Landesamt für Natur, Umwelt und Verbraucherschutz Nordrhein-Westfalen (LANUV) (2019). *Stand der Altlastenbearbeitung in NRW.* URL: https://www.lanuv.nrw.de/umwelt/bodenschutz_und_altlasten/altlasten/altlastenbearbeitung/stand_der_altlastenbearbeitung/ (aufgerufen am 13.05.2019).

Landesarbeitsgemeinschaft Agenda 21 NRW e. V. (LAG NRW 21) (Hrsg.) (2008). *Flächenmanagement als partizipativer Prozess einer nachhaltigen Stadtentwicklung.* Schwerte. URL: http://www.flaechenportal.nrw.de/fileadmin/user_upload/2008_LAG21NRW_Flaechenmanagement_Modellprojekt_I_Dokumentation.pdf (aufgerufen am 22.03.2019).

Laufs, Wolfgang (2015, 28. September). *Kokerei-Brache verwandelt sich in Stadtteilpark.* Westdeutsche Allgemeine Zeitung. URL: https://www.waz.de/staedte/gelsenkirchen/kokerei-brache-verwandelt-sich-in-stadtteilpark-id11136439.html (aufgerufen am 09.05.2019).

Lee, Y. H., Bückmann, W. (2007). *Europäische Bodenschutzstrategie und Bodenrahmenrichtlinie – Entwicklung, Eckpunkte und Perspektive.* In: *Bodenschutz. Ergänzbares Handbuch der Maßnahmen und Empfehlungen für Schutz, Pflege und Sanierung von Böden, Landschaft und Grundwasser.* Berlin: Erich Schmidt Verlag. URL: http://www.fagus-berlin.de/abstracts/pdf/07_Hb_lang_Bostrategie.pdf (aufgerufen am 22.02.2019).

Ministerium für Wirtschaft, Innovation, Digitalisierung und Energie des Landes Nordrhein-Westfalen (Wirtschaft.NRW) (Hrsg.) (2018). *Geplante Änderungen des LEP NRW (Entwurf – Stand: 17. April 2018).* URL: https://www.wirtschaft.nrw/sites/default/files/asset/document/synopse_lep_stand_2018–04–17.pdf (aufgerufen am 29.05.2019).

Ministerium für Umwelt, Landwirtschaft, Natur- und Verbraucherschutz des Landes Nordrhein-Westfalen (MULNV) (2019). *Förderung.* URL: https://www.umwelt.nrw.de/umwelt/umwelt-und-ressourcenschutz/boden-und-flaechen/foerderung/ (aufgerufen am 23.11.2019).

Munzinger, Timo (2014). *Anreizsysteme zum Flächenrecycling für mindergenutzte bzw. brachgefallene Flächen mit gewerblicher Vornutzung.* Dissertation, Universität Stuttgart. URL: https://d-nb.info/1054330263/34 (aufgerufen am 13.11.2019).

Niedersächsisches Ministerium für Umwelt und Klimaschutz (Hrsg.) (2011). *Abschlussbericht des Arbeitskreises „Flächenverbrauch und Bodenschutz.* URL: https://www.umwelt.niedersachsen.de/download/62952/Abschlussbericht_Flaechenverbrauch_und_Bodenschutz_Dez._2011_.pdf (aufgerufen am 29.05.2019).

Nielte, H., Frieling, D. (2016). *LANUV Jahresbericht 2016 -Fläche ohne Ende.* (LANUV, Hrsg.) URL: https://www.lanuv.nrw.de/fileadmin/lanuv/boden/flaechenverbrauch/pdf/10_Jahre_LANUV_Jahresbericht_Fläche_ohne_Ende.pdf (aufgerufen am 27.11.2019).

Scharp, Michael (2005). *Nachhaltiges Bauen und nachhaltige Flächennutzung.* ArbeitsBericht Nr. 13/2005. Berlin. URL: https://www.izt.de/pdfs/IZT_AB13_Nachhaltige_Flaechennutzung.pdf (aufgerufen am 29.05.2019).

Sorg, Sylvia (2015). *Baulückenaktivierung – Ansätze zur Mobilisierung innerstädtischer Baulandpotenziale – Handlungsempfehlung für die Stadt Friedrichshafen.* Unveröffentlichte Masterarbeit, Universität Hamburg. URL: http://edoc.sub.uni-hamburg.de/hcu/volltexte/2016/272/pdf/Sorg_Sylvia.pdf (aufgerufen am 12.05.2019).

Stadt Gelsenkirchen (Hrsg.) (2016). *Fortschritte der Sanierungsarbeiten auf dem Gelände der ehemaligen Kokerei Hassel. Kunststoffdichtungsbahn wird verlegt.* URL: https://www.gelsenkirchen.de/de/_meta/aktuelles/artikel/25232-fortschritte-der-sanierungsarbeiten-auf-dem-gelaende-der-ehemaligen-kokerei-hassel (aufgerufen am 07.05.2019).

Stadt Reutlingen (Hrsg.) (2019). *Altlasten und Bodenschutz.* URL: https://www.reutlingen.de/de/Leben-in-Reutlingen/Umwelt+Verkehr/Umwelt/Altlasten-und-Bodenschutz (aufgerufen am 20.04.2019).

Statistisches Bundesamt (Destatis) (Hrsg.) (2019). *Bevölkerung im Wandel: Annahmen und Ergebnisse der 14. koordinierten Bevölkerungsvorausberechnung.* URL: https://www.destatis.de/DE/Presse/Pressekonferenzen/2019/Bevoelkerung/pressebroschuere-bevoelkerung.pdf?__blob=publicationFile (aufgerufen am 17.11.2019).

Statistisches Bundesamt (Destatis) (Hrsg.) (2019). *Bevölkerungszahl in Mill. Personen.* URL: https://www.destatis.de/DE/Themen/Gesellschaft-Umwelt/Bevoelkerung/Bevoelkerungsvorausberechnung/_inhalt.html#sprg229086 (aufgerufen am 16.11.2019).

Statistisches Bundesamt (Destatis) (2019). *Altersaufbau der Bevölkerung in 2018 im Vergleich zu 1990 in Tsd.* URL: https://www.destatis.de/DE/Themen/Querschnitt/Demografischer-Wandel/_inhalt.html (aufgerufen am 16.11.2019).

Statistisches Bundesamt (Destatis) (Hrsg.) (2019). *Altersaufbau 2020 auf Grundlage der Ergebnisse der 14. koordinierten Bevölkerungsvorausberechnung für Deutschland und die Länder.* URL: https://service.destatis.de/laenderpyramiden/ (aufgerufen am 05.01.2020).

Statistisches Bundesamt (Destatis) (Hrsg.) (2019). *Altersaufbau 2060 auf Grundlage der Ergebnisse der 14. koordinierten Bevölkerungsvorausberechnung für Deutschland und die Länder.* URL: https://service.destatis.de/laenderpyramiden/ (aufgerufen am 05.01.2020).

Statistisches Bundesamt (Destatis) (Hrsg.) (2019). *Bodenfläche insgesamt nach Nutzungsarten in Deutschland am 31.12.2018.* URL: https://www.destatis.de/DE/Themen/Branchen-Unternehmen/Landwirtschaft-Forstwirtschaft-Fischerei/Flaechennutzung/Tabellen/bodenflaeche-insgesamt.html (zuletzt abgerufen am 19.04.2020).

Umweltbundesamt (UBA) (Hrsg.) (2005). *Die Zukunft liegt auf Brachflächen. Reaktivierung urbaner Flächen - Nutzungspotenziale und Praxisempfehlungen.* Kempten: AZ Druck und Datentechnik GmbH. *URL: https://www.umweltbundesamt.de/sites/default/files/medien/publikation/long/3050.pdf (aufgerufen am 23.04.2019).*

Umweltbundesamt (UBA) (Hrsg.) (2013). *Bodenversieglung.* URL: https://www.umweltbundesamt.de/daten/flaeche-boden-land-oekosysteme/boden/bodenversiegelung#textpart-1 (aufgerufen am 26.04.2019).

Umweltbundesamt (UBA) (Hrsg.) (2019). *Altlasten.* URL: https://www.umweltbundesamt.de/themen/boden-landwirtschaft/altlasten (aufgerufen am 29.05.2019).

Umweltbundesamt (UBA) (Hrsg.) (2015). *Erfassung von altlastverdächtigen Flächen.* URL: https://www.umweltbundesamt.de/sites/default/files/medien/359/bilder/dateien/verlaufsschema_altlasten_bearbeiten.pdf (aufgerufen am 29.05.2019).

Umweltbundesamt (UBA) (Hrsg.) (2018). *Notwendigkeit von bodenschutzbezogenen Regelungen auf EUEbene.* UBA-Thesenpapier. URL: https://www.umweltbundesamt.de/sites/default/files/medien/1410/publikationen/180926_uba_hg_bodenschutz_bf.pdf (aufgerufen am 23.03.2019).

Umweltbundesamt (UBA) (Hrsg.) (2018). *Siedlungs- und Verkehrsfläche.* URL:https://www.umweltbundesamt.de/daten/flaeche-boden-land-oekosysteme/flaeche/siedlungs-verkehrsflaeche#textpart–1 (aufgerufen am 26.04.2019).

Umweltbundesamt (UBA) (Hrsg.) (2018). *Daten zur Umwelt 2018: Umwelt und Landwirtschaft.* URL: https://www.umweltbundesamt.de/sites/default/files/medien/376/publikationen/uba_dzu2018_umwelt_und_landwirtschaft_web_bf_v7.pdf (aufgerufen am 23.03.2019).

Umweltbundesamt (UBA) (Hrsg.) (2018). *Struktur der Flächennutzung (Stand 31.12.2016).* URL: https://www.umweltbundesamt.de/daten/flaeche-boden-land-oekosysteme/flaeche/struktur-der-flaechennutzung#textpart-1 (aufgerufen am 26.04.2019).

Vahlenkamp, Christina (2009). *Flächenmanagement vor dem Hintergrund des demographischen Wandels am Beispiel der ländlichen Kommunen mit hohem Familienanteil in Nordrhein-Westfalen.* Masterarbeit, Universität Kassel. URL: file:///C:/Users/Katharina%20Kühn/Desktop/Studium/Bachelorarbeit%20Bodenschutz/Masterarbeit.pdf (aufgerufen am 19.05.2019).

Weitkamp, Alexandra (2009). *Brachflächenrevitalisierung im Rahmen der Flächenkreislaufwirtschaft.* (Deutsche Geodätische Kommission, Hrsg.). München: Verlag der Bayerischen Akademie der Wissenschaften in Kommission beim Verlag C. H. Beck. URL: http://www.dgk.badw.de.devweb.mwn.de/fileadmin/docs/c-639.pdf (aufgerufen am 09.05.2019).

Gesetze

Baugesetzbuch [BauGB] in der Fassung der Bekanntmachung vom 03. November 2017 (BGBl. I S. 3634), zuletzt geändert durch Artikel 2 des Gesetzes vom 20. Juli 2017 (BGBl. I S. 2808, 2831).

Gesetz zum Schutz vor schädlichen Bodenveränderungen und zur Sanierung von Altlasten (Bundes-Bodenschutzgesetz) [BBodSchG] in der Fassung der Bekanntmachung vom 17. März 1998 (BGBl. I S. 502), zuletzt geändert durch Artikel 3 Absatz 3 der Verordnung vom 27. September 2017 (BGBl. I S. 3465).

Bundes-Bodenschutzverordnung [BBodSchV] in der Fassung der Bekanntmachung vom 12. Juli 1999 (BGBl. I S. 1554), zuletzt geändert durch Artikel 3 Absatz 4 der Verordnung vom 27. September 2017 (BGBl. I S. 3465).

Grundgesetz für die Bundesrepublik Deutschland [GG] vom 23. Mai 1949 in der im Bundesgesetzblatt Teil III, Gliederungsnummer 100-1, veröffentlichten bereinigten Fassung, zuletzt geändert durch Gesetz vom 28. August 2006 (BGBL I. S. 2034).

Landesbodenschutzgesetz für das Land Nordrhein-Westfalen (LBodSchG) in der Bekanntmachung der Fassung vom 09. Mai 2000 (GV. NRW.

S. 439), zuletzt geändert durch Artikel 5 des Gesetzes vom 20. September 2016 (GV. NRW. S. 790).

Gesetz zur Sicherung des Naturhaushalts und zur Entwicklung der Landschaft (Landschaftsgesetz NRW) [LG NRW] in der Fassung der Bekanntmachung vom 21. Juli 2000 (GV. NRW. S. 568), zuletzt geändert durch Artikel 1 des Gesetzes vom 19. Juni 2007 (GV. NRW. S. 226, 316).

Raumordnungsgesetz (ROG) in der Fassung der Bekanntmachung vom 22. Dezember 2008 (BGBl. I S. 2986), zuletzt geändert durch Artikel 2 des Gesetzes vom 20. Juli 2017 (BGBl. I S. 2808, 2834).

Interviews

Im Rahmen der Arbeit wurden diverse Interviews mit den folgenden Personen geführt:

- Herr Kai Kopke, technischer Projektleiter der RAG Montan Immobilien GmbH (Interview im Mai 2019);
- Herr Thomas Vent, Bauleiter der ECOSOIL Nord-West GmbH (Interview im Mai 2019);
- Herr David Pentos, Verwaltungsmitarbeiter der Unteren Bodenschutzbehörde der Stadt Gelsenkirchen (Interview im Mai 2019).

Alle Interviewpartner waren maßgeblich am Recyclingprozess der Fläche der ehemaligen Kokerei Hassel in Gelsenkirchen beteiligt.

Danksagung

Im Rahmen der Erstellung dieses Buchs standen mir viele Personen hilfreich zur Seite, denen ich hiermit von Herzen danken möchte.

Die Idee zu diesem Buch entstand vor dem Hintergrund der Anfertigung meiner Bachelorthesis im Rahmen des Dualen Studiums zur Bachelor of Laws.

Ich möchte an dieser Stelle allen danken, ohne deren vielfältige Unterstützung dieses Buch nicht zustande gekommen wäre.

Mein besonderer Dank gilt Prof. Dr. Stefan Piasecki. Ich bedanke mich für die Idee zur Veröffentlichung dieses Buchs sowie für die Bereitschaft, mich bei der Umsetzung zu unterstützen. Vielen Dank für die unermüdlichen Hinweise und vielen konstruktiven Vorschläge trotz der räumlichen Distanz! Vornehmlich aber möchte ich mich für das Verständnis, die fortwährende Motivation und Bereitschaft bedanken.

Ermöglicht wurde dieses Buch ebenfalls durch die bereitwillige Unterstützung, Diskussionsbereitschaft und Kritik vieler Gesprächspartner. Viele hilfreiche Informationen und Hinweise verdanke ich vor allem den befragten Mitarbeitern Herr Pentos von der Unteren Bodenschutzbehörde der Stadt Gelsenkirchen, Herr Kopke von der RAG Montan Immobilien GmbH und Herr Vent von der ECOSIL Nord-West GmbH. Das Buch bekam dadurch einen größeren Blickwinkel und konnte zielgerichteter Erkenntnisse in Bezug auf die praktische Umsetzung des Flächenrecyclings bringen.

Daneben bedanke ich im mich bei meiner Familie, meiner Freunden und meinem Hund Ben für das Verständnis, die Ablenkung und die Bereitschaft, helfend einzuspringen. Vor allem möchte ich für ihren unerschütterlichen Glauben in mich und ihre immerwährende Unterstützung danken!

Gleichfalls möchte ich mich in Besonderem bei Pavlos Schlotter für die große Hilfe beim Korrigieren bedanken. Vielen Dank für deine nützlichen Hinweise sowie die viel geopferte Zeit!

Abschließend bedanke ich mich bei allen, die mich während dieser Zeit unterstützt haben, und denen ich persönlich meinen Dank ausspreche.

Gelsenkirchen, im April 2020 *Katharina Antonia Kühn*

Anlagen

Anlage 1: Interviews

Protokoll – Interview 1

Interviewpartner/-behörde: Stadt Gelsenkirchen, Herr Pentos

Funktion: Verwaltungsmitarbeiter der Unteren Bodenschutzbehörde

Datum: 16.05.2019

Fragen zum Brachflächenrecycling

1. Wie würden Sie den Begriff „Brachflächenrecycling" definieren?
Im Vordergrund des Brachflächenrecyclings positioniert sich die Wiedernutzbarmachung von zuvor industriell genutzten Flächen, die aus divergenten Gründen brach liegen können, als zentraler Handlungsmaßstab. Häufig wird der Prozess der Wiedernutzbarmachung dieser Flächen jedoch durch die Problematik einer Altlast kompliziert. Das Brachflächenrecycling sollte immer zielgerichtet auf eine nachhaltige Folgenutzung, unter dieser eine dauerhafte, sinnvolle und unter Einbeziehung in die bestehende Umgebung verstanden wird, ausgerichtet sein.

2. Was sind Ihrer Meinung nach die Gründe für die Entstehung von Brachflächen?
Als Hauptgrund kann hier der Strukturwandel weg von einer Industrie- und hin zu einer Dienstleistungsgesellschaft genannt werden. Die Montanindustrie, welche das Erscheinungsbild des Ruhrgebiets

lange prägte, benötigte sehr große Flächen für ihre Betriebsstandorte und galt als „Motor der Entwicklung" des Ruhrgebiets zu diesem Zeitpunkt. Als Produkt des Strukturwandels erfolgte eine Aufgabe dieses Wirtschaftszweiges, sodass diese großen, von der Montanindustrie zuvor genutzten Flächen nicht mehr benötigt wurden. Für diese Flächen fand sich zunächst keine sinnvolle Neunutzung, auch vor dem Hintergrund einer möglicherweise bestehenden Altlastenproblematik stellte sich jeder Versuch des Entwickelns einer Folgenutzung als schwierig dar.

3. Welche Herausforderungen sehen Sie generell bei der Revitalisierung einer Altlast?

Alle Interessen und Wünsche der beteiligten Akteure zu berücksichtigen, erweist sich aus behördlicher Sicht als eine große Herausforderung. Demnach sind es nicht nur die verschiedenen Interessen zwischen öffentlicher Hand und Privatunternehmen, sondern auch die unterschiedlichen Interessen innerhalb einer Kommune, da z. B. die Umweltschutzbehörden und die lokale Wirtschaftsförderung durchaus im Rahmen ihrer Funktionen unterschiedliche Ziele verfolgen können. Es ist somit besonders wichtig, einen gemein-samen Konsens aller beteiligten Akteure zu schaffen. Auch die hohen Kosten bei der Revitalisierung einer Altlast sowohl seitens der Behörde als auch der privaten Unternehmen stellen eine weitere Herausforderung dar.

4. Welche Chancen und Herausforderungen sehen Sie bei der Sanierung eines Altstandortes?

Eine grundlegende und bedeutsame Chance durch die Sanierung eines Altstandortes ist die Verringerung der Neuflächeninanspruchnahme. Denn vor allem in Ballungsräumen wie dem Ruhrgebiet ist der Schutz der noch vorhandenen Grünflächen besonders wichtig. Daneben können durch die Schaffung eines Gewerbegebietes auf diesen Flächen neue Arbeitsplätze geschaffen werden. Ein weiterer wichtiger

Aspekt ist die Beseitigung bzw. Sicherung von vorhandenen Umweltbelastungen, wodurch zudem eine Aufwertung der Fläche erfolgt. Die Unwägbarkeiten bei der Sanierung eines Altstandortes stellen die größte Herausforderung dar. Denn obwohl bereits vor der Sanierung umfangreiche Bodenuntersuchungen durchgeführt werden, zeigt sich meistens erst während der Sanierungsarbeiten das tatsächliche Ausmaß der Verunreinigungen, was eine Planung hinsichtlich finanzieller Mittel als auch des zeitlichen Rahmens deutlich erschwert. Eine weitere Herausforderung ist die Tatsache, dass der Sanierungspflichtige nicht in jedem Fall auch der Verursacher der Bodenverunreinigung ist, aber oftmals ist es aus rechtlichen und tatsächlichen Gründen erforderlich, auf den Eigentümer als Zustandsstörer zurück zu greifen. Des Weiteren erfolgt vor allem bei größeren Standorten die Sanierung nicht in Form einer Dekontamination, da dies auch unter dem Gesichtspunkt der Kosten unverhältnismäßig wäre, so-dass auf die Sanierungsmaßnahme einer Sicherung der Altlast zurückgegriffen wird. Dies ist jedoch immer noch mit einem gewissen Restrisiko verbunden, da die Altlast damit nicht vollständig eliminiert, sondern nur der Wirkungspfad des Schadstoffes unterbrochen wurde, was im Rahmen von verpflichtenden Eigenkontrollmaßnahmen dauerhaft überprüft werden muss. Es entstehen oft sogenannte „Ewigkeitsaufgaben".

5. Gibt es noch weitere Aspekte, die auch Ihrer Sicht relevant für die Themenstellung sind?

Alle beteiligten Akteure brauchen für die Revitalisierung einer Brachfläche Pioniergeist und Vorstellungskraft. Sie sollten sich mit dem jeweiligen Projekt identifizieren können, um ein bestmögliches Ergebnis zu erreichen.

Fragen zum Projekt der ehemaligen Kokerei Hassel

6. Wie ist es zur Sanierung der ehemaligen Kokerei gekommen?
Die RAG Montan Immobilien AG ist gemäß dem Bundesberggesetz verpflichtet, nach Stilllegung ihrer Anlagen ein Abschlussbetriebsplanverfahren durchzuführen und neben der Gefahrenabwehr eine Folgenutzung der Fläche zu ermöglichen. Aus städtischer Sicht verstärken Brachflächen immer ein schlechtes Image einer Kommune („Schandfleck im Stadtgebiet"), sodass die Sanierung der Fläche eine Aufwertung aus stadtplanerischer Sicht bedeutet. Hassel entwickelt sich in den letzten Jahren als aufstrebender Stadtteil, aufgrund dessen ein Flächenrecycling dieser Fläche den Stadtteil weiter aufwerten sollte. Es war zudem Wille der Politik aus den oben genannten Gründen, diese Fläche zu recyceln und damit für die Öffentlichkeit wieder zugänglich zu machen.

7. Welche Probleme traten bei der Sanierung des Geländes der ehemaligen Kokerei Hassel auf?
Einen gemeinsamen Konsens der Behördenvertreter zu erlangen, insbesondere in Hinblick auf die Folgenutzung, stellte sich anfangs als Problem dar. Auch die Kampfmittelbeseitigung, Vandalismus oder Anwohnerbeschwerden führten zu kleineren Problemen, die die Umsetzung des Projekts aber nicht weitergehend behinderten. Weitere Restriktionen in Bezug auf den Denkmalschutz von Gebäuden und das Bestehen von weiterhin genutzten Leitungstrassen auf der Fläche, deren Betreiber auch in Zukunft aufgrund der rechtlichen Gegebenheiten diese nutzen dürfen, mussten bei der Sanierung der ehemaligen Kokerei beachtet werden.

8. Woran lag das Ihrer Meinung nach?
Die Probleme lagen nicht in Person der handelnden Akteure, vielmehr war es die zunächst fehlende Akzeptanz und Unsicherheit der

Anwohner. Rechtliche Probleme traten nicht auf. Zeitweise mussten die Sanierungsarbeiten aufgrund naturschutzrechtlicher Vorgaben, vor allem für die Brutzeiten von Vögeln, unterbrochen werden.

9. Was halten Sie von der aktuellen Situation des Projekts?
Das Projekt auf dem ehemaligen Gelände der Kokerei konnte gut umgesetzt werden. Auch die Folgenutzung zeigt sich als sinnvoll, denn Wohnbebauung ist das, was von der Gesellschaft momentan gefordert und gebraucht wird. Der Stadtteil Hassel wird durch die Sanierung dieser Fläche positiv in den Fokus gerückt. Die Umsetzung und der Kontakt zu den beteiligten Unternehmen RAG Montan Immobilien AG sowie ECOSOIL war stets gut, so-dass die Behörden als Partner dieser agieren konnten und damit zur der guten Abwicklung des Projekts beitragen konnten.

10. Wie sehen die Pläne für das Gelände für die nächsten Jahre aus?
Die ehemalige Brachfläche soll nach abgeschlossener Sanierung der Gesellschaft wieder zur Verfügung gestellt werden. Denn das, was die Industrie der Gesellschaft genommen hat, will sie ihr jetzt wieder zurückgeben. Geplant ist die Freigabe im Frühjahr 2020. Die Sanierungsarbeiten sind weitestgehend abgeschlossen, sodass momentan die planerischen und gestalterischen Arbeiten im Vordergrund stehen.

11. Gibt es weitere Aspekte, die auch Ihrer Sicht noch relevant für das Projekt der Kokerei Hassel sind?
Das Projekt ist für mich persönlich besonders spannend, weil ich in der Nähe der Fläche aufgewachsen bin und heute dies aus beruflicher Perspektive betreue. Was früher durch Zäune abgetrennt für die Gesellschaft nicht betretbar war, wird jetzt wieder freigegeben. Deshalb zeigt das Projekt der ehemaligen Kokerei Hassel ein gelungenes Beispiel für Brachflächenrecycling. Ein entscheidender Faktor für die komplikationslose Umsetzung des Projekts ist es auch, dass sowohl

die Sanierungspflichtige RAG Montan Immobilien AG als auch die Stadt Gelsenkirchen zwei erfahrene Akteure auf dem Gebiet der Altlastensanierung und des Brachflächenrecyclings sind und die Erfahrung sich hier positiv niederschlägt.

12. Sind Sie damit einverstanden, wenn ich Sie in meiner Publikation zitiere?
Ja.

Protokoll – Interview 2

Interviewpartner/-behörde: RAG Montan Immobilien AG, Herr Kopke

Funktion: technischer Projektleiter

Datum: 16.05.2019

Fragen zum Brachflächenrecycling

1. Wie würden Sie den Begriff „Brachflächenrecycling" definieren?
Unter Brachflächenrecycling versteht sich im Kontext meiner Tätigkeit das Recyceln bzw. die Wiedernutzbarmachung ehemaliger RAG Betriebsflächen wie z. B. Kokereien oder Schachtanlagen. Diese ehemaligen Betriebsstandorte unterstehen dem Bergrecht und müssen gemäß dem Bundesberggesetz im Rahmen des Abschlussbetriebsplanverfahrens (ABP) in einen gefahrlosen Zustand überführt werden. Darüber hinaus muss sichergestellt werden, dass eine Wiedernutzbarmachung der durch den Betrieb in Anspruch genommenen Flächen gewährleistet ist. Dazu sind häufig umfangreiche Sanierungs- und Sicherungsmaßnahmen notwendig, ohne diese eine Folgenutzung aufgrund des Gefährdungspotenzials nicht möglich ist. Abhängig von

der Art der Vornutzung und der damit verbundenen Umweltbelastungen ist die Auswahl der Folgenutzung.

2. Was sind Ihrer Meinung nach die Gründe für die Entstehung von Brachflächen?

Mit Beschluss zum Ausstieg aus der Steinkohle und Schließung der beiden letzten Zechen (Prosper Haniel und Ibbenbüren) Ende 2018 ergab sich die Verpflichtung für die RAG als Bergbaubetreibenden zur Klärung des weitergehenden Umgangs mit den dann brach gefallenen Flächenarealen. Gemäß dem Bundesberggesetz sind die Betreiber dieser Betriebe verpflichtet, ein Abschlussbetriebsplanverfahren durchzuführen mit dem Ziel, durch geeignete Sanierungsmaßnahmen die in Anspruch genommenen Flächenbereiche in einen gefahrlosen Zustand zu überführen. Um diese Flächen einer neuen Nutzung zuzuführen, bedarf es allerdings einer langen, komplexen Abstimmungs- und Planungsphase. Viele unterschiedliche Interessen müssen berücksichtigt werden. In dieser Zeit erfolgen keine sichtbaren Arbeiten auf den brach liegenden Flächen. Zudem können die Bodenuntersuchungen und weitere aufbauende Arbeiten erst nach dem Abbruch der Gebäude erfolgen, sodass dies den Prozess verlängert. Auch die Sanierung, die auf den Ergebnissen der Bodenuntersuchungen aufbaut, muss erst ausgeschrieben und vergeben werden, bevor die in der Praxis umgesetzt wird. Des Weiteren kann es unter Umständen notwendig sein, dass Planungsrecht aufgrund der Folgenutzung zu ändern.

3. Welche Herausforderungen sehen Sie generell bei der Revitalisierung einer Altlast?

Die größte Herausforderung bei der Revitalisierung ist die Vornutzung der Flächen. Denn aufgrund der Vornutzung erscheint die Planung einer Folge-nutzung unter den Aspekten der Wirtschaftlichkeit und Kosten-Nutzen-Analyse als schwierig. Ein vollständiger Rückbau der betrieblichen Anlagen im Boden ist unverhältnismäßig, was bei der Folgenutzung beachtet werden muss. Zudem ist eine Revitalisierung nur in Kooperation sinnvoll. Ohne die Kooperationen mit z. B. Kommunen, können keine Fördermittel beantragt werden, die für die Sanierung benötigt werden, damit sie wirtschaftlich ist. Je schneller ein Grundstück in der Folgennutzung veräußert werden kann, desto schneller wird gehandelt.

4. Welche Chancen und Herausforderungen sehen Sie bei der Sanierung eines Altstandortes?

Hauptsächlich wird durch die Sanierung eines Altstandortes die Belastungssituation der Umwelt verbessert. Es besteht die Chance, auf den ehemaligen Standorten etwas Neues zu erschaffen, sodass der Strukturwandel auch umgesetzt wird. Es besteht anderseits die Herausforderung, dass Schadstoffpotenzial zu erkennen und durch entsprechende Sanierungsmaßnahmen auszuräumen. Die sinnvolle und ergebnisreiche Zusammenarbeit aller Beteiligten, um für die Allgemeinheit etwas zu schaffen, stellt eine weitere Herausforderung dar.

5. Gibt es noch weitere Aspekte, die auch Ihrer Sicht relevant für die Themenstellung sind?

Um das Brachflächenrecycling weiter zu fokussieren, müssen verstärkt politische Anreize gegeben werden. Diese dürfen allerdings nicht nur verbal geäußert werden, sondern auch in der Praxis umgesetzt werden. Hier handelt es sich vor allem um finanzielle Anreize, um den Aufwand des Flächenrecyclings zu kompensieren (Wirtschaftlichkeit) und damit Investoren zu gewinnen.

Fragen zum Projekt der ehemaligen Kokerei Hassel

6. Wie ist es zur Sanierung der ehemaligen Kokerei gekommen?
Die Verpflichtung des Bundesberggesetztes war der „Startschuss" für die Sanierung der Fläche. Es stellte sich aufgrund der rechtlichen Verpflichtung nicht die Frage, ob die Fläche recycelt werden soll, sondern in welchem Umfang die Fläche saniert werden muss.

7. Welche Probleme traten bei der Sanierung des Geländes der ehemaligen Kokerei Hassel auf?
Das größte Problem stellt die sinnvolle Planung der Folgenutzung sowie das hohe Schadstoffpotenzial aufgrund der Vornutzung durch eine Kokerei, die ein besonderes hohes Schadstoffpotenzial aufweisen, dar. Daneben stellten die vielen Anhaltspunkte für Kampfmittel ein Problem dar. Auf der Fläche befinden sich ebenfalls fremd genutzte Leitungen, die ein vorsichtiges Arbeiten erforderlich machen, sodass auch im Voraus geplant werden musste. Aus diesem Grund kam es zu teilweise verzögertem Arbeiten. Die Probleme, die im Rahmen der Sanierung auftraten, konnten jedoch durch eine gute und zielgerichtete Kommunikation schnell und ergebnisorientiert gemeistert werden. Es wurde zudem ein „Tag der offenen Tür" organisiert, um die Bewohner zu informieren.

8. Woran lag das Ihrer Meinung nach?
Die aufgetretenen Probleme waren weder außergewöhnlich noch unlösbar und sind im Rahmen der Abwicklung eines Projekts als üblich anzusehen.

9. Was halten Sie von der aktuellen Situation des Projekts?
Die Umsetzung des Projekts erfolgt ohne größere Komplikationen, sodass man sehr zufrieden sein kann. Die anvisierten Kosten sowie die zeitliche Planung konnten weitestgehend eingehalten werden.

10. Wie sehen die Pläne für das Gelände für die nächsten Jahre aus?
Nächsten Jahr soll die Fläche der ehemaligen Kokerei der Stadt Gelsenkirchen übergeben werden und damit auch für die Öffentlichkeit zugänglich gemacht werden. Bis dahin werden die laufenden Sanierungsmaßnahmen abgeschlossen.

11. Gibt es weitere Aspekte, die auch Ihrer Sicht noch relevant für das Projekt der Kokerei Hassel sind?
Der frühere Zustand der Fläche, d.h. vor der Nutzung durch die Kokerei, ist aus Gründen der Wirtschaftlichkeit nicht realisierbar. Es ist wichtig, dass die beteiligten Akteure so transparent wie möglich handeln, damit es gelingt, niemanden auf dem Prozess des Flächenrecyclings zurückzulassen.

12. Sind Sie damit einverstanden, wenn ich Sie in meiner Publikation zitiere?
Ja.

Protokoll – Interview 3

Interviewpartner/-behörde: ECOSOIL Nord-West GmbH, Herr Vent

Funktion: Bauleiter

Datum: 16.05.2019

Fragen zum Brachflächenrecycling

1. Wie würden Sie den Begriff „Brachflächenrecycling" definieren?
Flächen, die ehemalige Industriestandorte sind und keiner Nutzung mehr unterliegen sowie eine Vorstellung der Folgenutzung fehlt, wie-

dernutzbar-zumachen, kann als Brachflächenrecycling definiert werden.

2. Was sind Ihrer Meinung nach die Gründe für die Entstehung von Brachflächen?

Ein Grund für die Entstehung von Brachflächen ist der Aspekt der ungeklärten Eigentumsverhältnisse. Es scheint in diesen Fällen ungeklärt zu sein, ob diese Fläche einer öffentlichen Einrichtung oder einem Privatunternehmen gehört. Aufgrund dessen fühlt sich niemand für diese Fläche verantwortlich und eine Gefährdungsabschätzung aufgrund fehlender finanzieller Mittel kann nicht durchgeführt werden. Demnach kann die Fläche auch keiner Folgennutzung zugeführt werden, da die Frage, welcher die Kosten trägt, nicht geklärt ist.

3. Welche Herausforderungen sehen Sie generell bei der Revitalisierung einer Altlast?

Grundsätzlich stellt die Aufbereitung jeder Fläche eine Herausforderung dar, weil das Ausmaß einer Bodenverunreinigung erst vollständig beurteilt wer-den kann, wenn die Bauarbeiten begonnen haben. Die zuvor durchgeführten Sanierungsuntersuchungen geben bereits relativ genaue Anhaltspunkte, aber während der Arbeiten können unvorhergesehene Tatsachen auftreten, auf die dann schnell reagiert werden muss.

4. Welche Chancen und Herausforderungen sehen Sie bei der Sanierung eines Altstandortes?

Durch die Sanierung eines Altstandortes rückt die Thematik „Schutz der Umwelt" wieder stärker in den Vordergrund. Es bietet die Möglichkeit, aus kontaminierten Flächen wieder „saubere" Flächen zu machen von denen kein Gefahrenpotenzial mehr ausgeht. Demgegenüber steht jedoch oft die Frage der Wirtschaftlichkeit sowie für das Bauunternehmen die Einhaltung der in der Ausschreibung festgelegten Kosten. In der Praxis zeigt sich oft, dass der Aufwand der Sanierung den geplanten Aufwand übersteigt. Nichtsdestotrotz ist das Bauunternehmen an das Angebot der Ausschreibung gebunden.

5. Gibt es noch weitere Aspekte, die auch Ihrer Sicht relevant für die Themenstellung sind?
Werden in Zukunft weniger Flächen recycelt, fallen auch Arbeitsplätze des Unternehmens weg. Denn die Existenz des Unternehmens ist an die Auftragsvergabe für das Recyceln von Flächen gebunden.

Fragen zum Projekt der ehemaligen Kokerei Hassel

6. Wie ist es zur Sanierung der ehemaligen Kokerei gekommen?
Nachdem die Ausschreibung für die Sanierung der Kokerei Hassel veröffentlicht wurde und die ECOSOIL GmbH den Zuschlag erhalten hatte, weil sie die wirtschaftlich günstigsten waren, begann die Firma mit den Arbeiten auf dieser Fläche.

7. Welche Probleme traten bei der Sanierung des Geländes der ehemaligen Kokerei Hassel auf?
Die relative Nähe der fremd genutzten Leitungen sowie zu dem Bürogebäude und der Kita auf der Fläche stellte sich teilweise als Problem heraus. Des Weiteren kam es besonders am Anfang zu Anwohnerbeschwerden, die die Baustelle zeitweise unterbrachen.

8. Woran lag das Ihrer Meinung nach?
Im Wesentlichen führte die Unsicherheit der Bewohner zu den oben beschriebenen Problemen, die jedoch durch einen Informationstag behoben werden konnten, sodass sich seitdem die Beschwerden durch Anwohner in Grenzen hielten.

9. Was halten Sie von der aktuellen Situation des Projekts?
Die Umsetzung des Projekts, die mit sechs Monaten Verzögerung startete, läuft gut. Die Verzögerung konnte aufgeholt werden.

10. Wie sehen die Pläne für das Gelände für die nächsten Jahre aus?
Nachdem die Sanierungsarbeiten abgeschlossen sind, soll die Fläche im Frühjahr 2020 vollständig der Stadt Gelsenkirchen übergeben werden und für die Öffentlichkeit zugänglich gemacht werden.

11. Gibt es weitere Aspekte, die auch Ihrer Sicht noch relevant für das Projekt der Kokerei Hassel sind?
Unter dem Aspekt der Wirtschaftlichkeit kann das Projekt der Kokerei Hassel als gutes Beispiel darstellt werden. Zudem konnte es aufgrund der guten Planung einwandfrei umgesetzt werden.

12. Sind Sie damit einverstanden, wenn ich Sie in meiner Publikation zitiere?
Ja.

Anlage 2: Schritte einer Altlastenbearbeitung

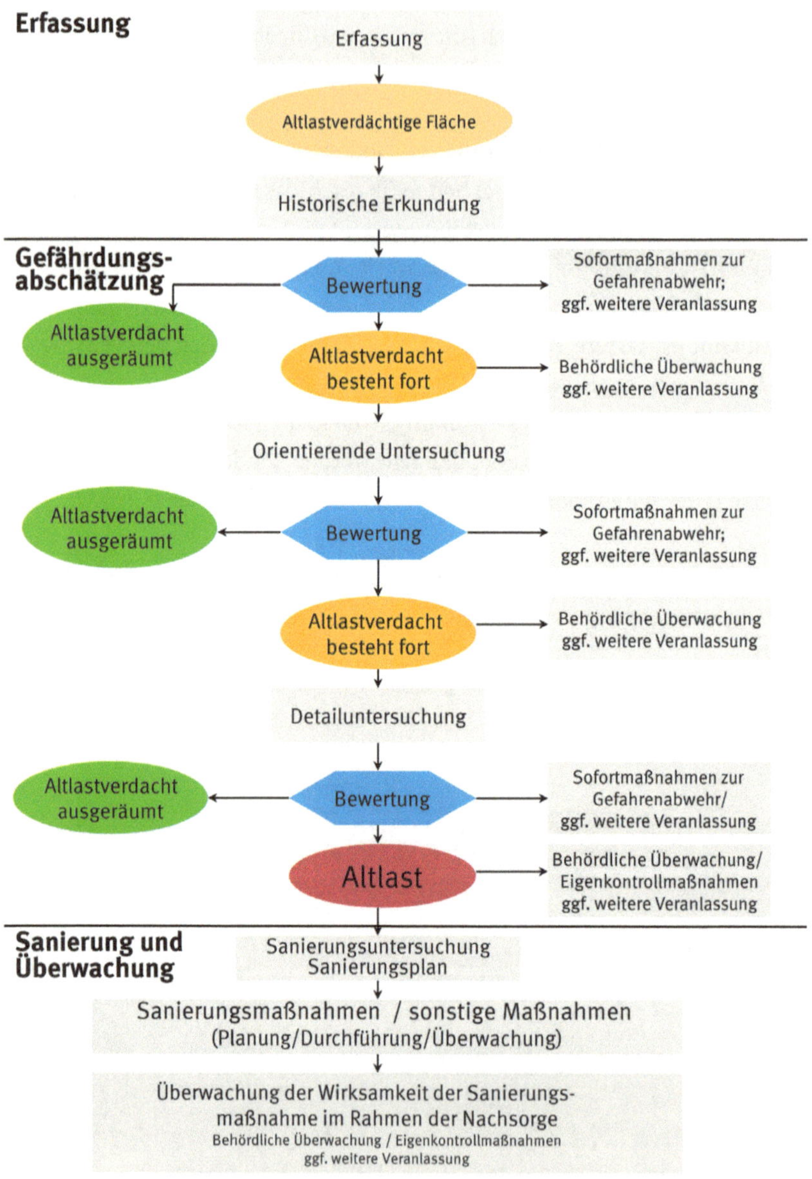

Abbildung 12: Erfassung von altlastverdächtigen Flächen (UBA, 2015).

Anlage 3: Bundesweite Übersicht zur Altlastenstatistik

Tabelle 7: Bundesweite Übersicht der Altlastenstatistik (UBA, 2018).

Bundesweite Übersicht zur Altlastenstatistik

	Stand	Altlastverdächtige Flächen	Altlastverdächtige Altablagerungen (AA)	Altlastverdächtige Altstandorte (AS)	Altlasten	Sanierung abgeschlossen	Gefährdungs-abschätzung abgeschlossen	Altlasten in der Sanierung	Altlasten in der Überwachung
Lfd. Nummer		1	1.1	1.2	2	3	4	5	6
Baden-Württemberg	12/ 2017	15.144	1.654	13.490	2.651	3.765	20.243	543	485
Bayern	03/ 2018	15.217	10.218	4.999	1.041	2.386	8.224	906	135
Berlin	07/ 2018	5.843	469	5.374	854	263	2.033	83	98
Brandenburg	07/ 2018	18.228	6.490	11.738	1.333	4.582	5.915	206	102
Bremen	06/ 2018	3.519	13	3.506	293	715	1.251	40	158
Hamburg	07/ 2018	1.601	263	1.357	556	539	3.426	145	167
Hessen	07/ 2018	1.273	632	641	526	1.293	3.083	398	87
Mecklenburg-Vorpommern	06/ 2018	5.399	2.426	2.973	916	2.216	6.627	493	2.846
Niedersachsen	07/ 2018	97.260	10.433	86.827	4.184	2.744	7.355	306	829
Nordrhein-Westfalen	06/ 2017	29.428	6.576	22.852	3.284	7.250	24.791	571	k. A.
Rheinland-Pfalz	07/ 2018	12.274	10.001	2.273	827	501	11.979	321	182
Saarland	08/ 2018	5.454	1.628	3.826	606	412	1.255	304	40
Sachsen	05/ 2018	18.961	6.457	12.504	452	3.326	7.259	307	720
Sachsen-Anhalt	05/ 2018	14.422	4.527	9.895	824	2.206	5.158	258	85
Schleswig-Holstein	12/ 2017	6.535	1.503	5.032	317	1.185	3.998	106	170
Thüringen	07/ 2018	11.036	3.448	7.588	782	943	6.322	192	71

Quelle: Umweltbundesamt, Zusammenstellung auf Basis der im Altlastenausschuss des LABO abgestimmten Datenerhebung aus den Ländern vom 27.08.2018

Anmerkungen einzelner Bundesländer zu den Kennzahlen
(Lfd. Nummern beziehen sich auf die vorstehende Tabelle.)

Berlin:
Lfd. Nr. 1: Auf einer Fläche treten sowohl Altablagerungen als auch Altstandorte als Fallkategorie auf. Die Summe der Fallkategorien Branchenstandort und Altablagerungen ist daher größer als die Anzahl der altlastenverdächtigen Flächen insgesamt.
Lfd. Nr. 2: Die Angabe „Gefährdungsabschätzung abgeschlossen" wird nicht als Bearbeitungsphase geführt. Die Angabe ergibt sich rechnerisch aus den Angaben:
1. altlastenverdächtige Flächen nach Erkundung vom Verdacht auf schädliche Bodenveränderungen befreit.
2. Flächen mit Nachweis einer schädlichen Bodenveränderung – Altlasten
Lfd. Nr. 5: Die Angabe bezieht sich auf Altlasten, die insgesamt saniert und befreit wurden.

Bremen: Lfd. Nr. 1, 1.2: Den Zahlen liegen unter Bezugnahme auf die aktuellen Definitionen z. T. Schätzungen zugrunde.

Hessen:
Lfd. Nr. 1, 1.1 und 1.2: Insgesamt sind in Hessen 118.133 Altablagerungs- und Altstandortflächen bekannt (7.287 Altablagerungen und 110.846 Altstandorte).
Lfd. Nr. 3: Durch die zuständige Behörde als Altlast eingestuft.
Lfd. Nr. 6: Im Sinne der Nachsorge, in der Regel nach der Durchführung von Sanierungsmaßnahmen.

Mecklenburg-Vorpommern:
Lfd. Nr. 2: Summe der Altlasten, sanierten Altlasten und der seit 2013 aus dem Altlastenverdacht entlassenen Flächen

Niedersachsen:
Lfd. Nr. 1: Die Kennzahl „Altlastverdächtige Flächen" enthält auch die angegebene Zahl der "Altlasten" und die Zahl der (nach Orientierender Untersuchung oder Detailuntersuchung) aus dem Altlastverdacht entlassenen Flächen.
Lfd. Nr. 1.2: Die Erfassung der Altstandortverdachtsflächen in Niedersachsen läuft zur Zeit noch. Bei einem Teil der erfassten Altstandorte muss der Anfangsverdacht durch Überprüfung vorliegender Anhaltspunkte noch bestätigt bzw. ausgeräumt werden. Dadurch kann sich die Erfassungszahl verändern.
Lfd. Nr. 3: Die Gesamtzahl aller im Ergebnis der Gefährdungsabschätzung als Altlast bewerteten Altablagerungen und Altstandortverdachtsflächen als Ergebnis der Gefährdungsabschätzung. Die Kennzahl ist eine kumulative Kennzahl, die auch Standorte mit abgeschlossener Sanierung einschließt.
Lfd. Nr. 5: Die Anzahl enthält auch Altstandorte, die sofort saniert worden sind. Diese sind dann nicht als Altlast mitgezählt worden.

Saarland:
Lfd. Nr. 1-6: Nach der Neuprogrammierung des Altlastenkatasters des Saarlandes im Jahr 2014 sind Zahlensprünge in der Statistik entstanden, die sich auch in den kommenden Jahren zeigen werden, da das Altlastenkataster im Rahmen eines Projektes verstärkt aktualisiert wird. Kumulative Zahlen (Lfd. Nr. 2b und 5) werden unter Einbeziehung der Archivflächen berechnet. Im Archiv befinden sich Standorte die wegen erfolgreicher Sanierung oder Fehl- bzw. Doppelerfassung aus aktivem Datenbestand entfernt wurden. Eine Unterscheidung nach Gründen zur Archivierung (Fehlerfassung, Sanierung, Doppelerfassung) ist nicht möglich. Deshalb wird die Gesamtzahl der archivierten Flächen in die Berechnung einbezogen.
Lfd. Nr. 1: „Altlastverdächtige Flächen" sind im Rahmen der Ersterfassung in das Kataster eingeflossen. Viele Altablagerungen und Altlastverdachtsflächen wurden noch nicht bewertet und gelten als unbearbeitet. Wenn Altablagerungen und Altstandorte in historischer Folge auf einer Fläche auftreten, werden diese getrennt erfasst und in der Statistik auch getrennt aufgeführt.
Lfd. Nr. 2: „Gefährdungsabschätzung abgeschlossen" wird im Saarland nicht als Bearbeitungsstand erfasst sondern errechnet sich aus Bearbeitungsstand: Sanierungsuntersuchung/ -plan oder in Sanierung oder teilsaniert oder gesichert, oder saniert (noch nicht archiviert) plus Anzahl der Archivflächen, die wegen erfolgter Sanierung oder Fehlerfassung entfernt wurden.
Lfd. Nr. 4: Für „Altlasten in Sanierung" gelten folgenden Selektionskriterien: Selektion nach Status Altlast und Bearbeitungsstand: Sanierungsuntersuchung / -plan, in Sanierung oder teilsaniert, oder im Monitoring.
Lfd. Nr. 5: Für „Sanierung abgeschlossen" gelten folgende Selektionskriterien: Alle im Archiv befindlichen Standorte sind per Definition saniert oder als Fehl- oder Doppelerfassung aus dem Altlastenkataster entfernt worden.

Zeitfracht Medien GmbH
Ferdinand-Jühlke-Straße 7
99095 Erfurt, Deutschland
produktsicherheit@kolibri360.de